世界トップ機関の研究と
成功率97%の実績からついに見つかった！
頭のいい子にする最高の育て方

誰都想要教出聰明的孩子

培養能夠隨機應變的學習能力

長谷川和香（はせがわ わか）著
陸蕙貽、李惠芬 譯

聰明推薦

身為三位小孩的母親，怎麼教小孩，怎樣當媽媽，是一件比工作難度更高的事。自己總是讓小孩自然成長，感覺遇到了問題，再去尋找可能的答案，沒有特別方法也沒有育兒秘笈，只希望小孩心智強壯。

《誰都想要教出聰明的孩子——培養能夠隨機應變的學習能力》書名吸引了大眾的注目，我也在內，因為大家總覺得聰明就可以解決一半的問題，作者長谷川和香卻將重點擺在後者「培養能夠隨機應變的學習能力」，聰明其實不是智商是情商。

給予小孩關愛、給予獎勵、給予陪伴、用正面話語教育、控制脾氣，身為家長尋找可能的答案時，發現教育小孩沒有標準答案，然後最後發現要教育的其實是自己。

說小孩是自己的鏡子，是再準確不過的事了，願大家在教育小孩同時，自己也進步了，這應該是媽媽人生中最大的收穫。

——劉真蓉／三個孩子的媽媽、衍序規劃設計顧問有限公司設計總監

每一代的父母都想教出聰明孩子，但二〇二〇年的新手父母或許多了些焦慮，因為

世界的挑戰變得複雜，所需的「聰明」也得變得多元且獨特。該如何從小培養出自信學習又不畏挑戰的孩子呢？

這本書提供了基礎但完整的學齡前育兒概貌，其中「找到最適合自己的育兒法」屬最根本但我最喜歡的觀念：唯有最瞭解自己（以及共同育兒的伴侶）人格特質、溝通模式、甚至盲點的父母，越能找到與孩子一起積極學習的方式，也越能培養出屬於孩子獨一無二的聰明！

——王沛然／一個兒子的新手媽媽、台灣文創發展公司董事長特助

童年是生命的底色。曾經我認為那底色是黑白的，成年進入社會後，花了很長的時間一筆一畫加上其他鮮豔的色彩。一直認為父母給予足夠的愛，是讓孩子在將來能有足夠的力量去面對驚濤駭浪，在閱讀這本書過後才領會，我想要教出一個聰明的孩子，希望她們樂觀、有想像力、機智、有哲學性思考和懂得思辨，一切都是希望能培養我的孩子有面對挫折的能力。

身為一名母親，愛自己的孩子是天性，但如何成為父母和愛一樣，都是需要學習的，這本書，會是你最好的工具書。

——Ting Hung／一雙女兒的媽媽、行冊創辦人

誰都想要教出聰明的孩子

目錄

自序

無論何時何地都能妥善隨機應變的孩子，才是真正聰明的孩子

面對自己可愛的孩子，包含從上托兒所或幼稚園等學校開始，到成為社會人士，甚至踏入婚姻，我們都希望能把他們教成在各個階段都能如魚得水的人。這一點，相信是每個家長的心願。

為了做到這點，書當然不能讀得太差。不過，如果孩子原本就喜歡讀書當然很好，若不喜歡，也不必勉強。

能適應任何環境、能與任何人都相處融洽、能樂於幫助有困難的人、任何困難艱辛都能努力克服，這些，或許才是真正重要的能力吧？為了擁有這些能力，的確需要擁有一定的學識，但能培育出無論讀書或經商，對於社會上的一切都能妥善應對的聰明孩子，才是真正重要的。

而能培育出這般聰明孩子的方式與觀念，全都搜羅於本書之中了。

不過，這世上已經有人提出了許多的養育法，意見各有分歧。

身為育有一子的母親，為了能搞清楚怎麼才能讓我的孩子更聰明，我實際上做了許多研究。換言之，我也是當事人之一。

成功率97％！在有限的時間中確實展現成效的養育法

我先簡單地自我介紹一下。我離開京都大學研究所後，便開始在某著名的製造商擔任研究員一職。工作相當有趣，我幫助公司提出了近百件的專利申請，每天都忙碌且勤奮地工作著。

在這樣忙碌的生活中，老實說實在無法騰出太多時間在育兒上。但，因為我想讓我家的孩子培養出能因地制宜的聰明腦袋，所以在育兒上也不敢有所偷懶。

因此，**我每天都在尋找於有限的時間中確實展現成效的養育法，並加以實踐**。只要發現這個方法還不錯，就會持續地做下去。

除了育兒書以外，我也學習了發展心理學、腦科學等相當專業的知識。爾後，由於開始對國外最先進的研究產生興趣，我便實際到該研究機構的網站瀏覽，並閱讀了數量龐大的眾多論文。**當中包括哈佛大學、牛津大學、東京大學等國內外許多研究機構**。

無論是在學生時代，或因為工作，我經常閱讀大量的國內外論文，因此，我也以相同的態度針對養育法來進行研究。更進一步的是，我還會親自向教育專家們討教。

多虧這些研究，讓我兒子成為即使不緊迫盯人，自己也會讀書的孩子，無論幼稚園或小學，也都適應得相當良好。不管是玩樂或讀書，他似乎每天都樂在其中。

透過這樣的經驗，我成立了「Happy Edu」，至今已指導兩百位以上的家長如何培育出聰明的孩子。

託各位的福，本機構大獲好評，**在統計調查中，高達97%以上的家長都認為「孩子變得更愛學習了」**。當中甚至有年僅三歲的男孩，竟已擁有兩百的高IQ。

所謂的「樂在學習」，舉例來說，就是養成每天都閱讀潛能開發相關教材的習慣。許多的家長甚至表示：**「我家的孩子比以前積極多了。」**這些孩子們能夠在以小朋友為主的團體中，發揮領導統御的能力，會幫家長們做家事，出遊時也總是精神百倍。

從一千多個例子中整理而成的養育法

一回神，我發現自己已閱讀了國內外一千多例與育兒相關的研究，也與專家進行過許多次的會談。或許，我算是個養育法的狂熱者吧！從這些龐大的資訊中，我組織了一套養育法，並已確實由兩百位以上的家長親自進行實踐，然後從當中精選出確實有成效的方法，並編撰成本書。

由於每位家長都很忙碌，因此我只選出能在有限的時間中執行的方法。何況，育兒也是一件無法重來的事，所以，去執行真正有效的方法便顯得格外重要。總之，無論家長們多麼忙碌，一樣能確實執行本書中的內容，並有效培育出聰明的下一代。

此外，**本書中的養育法適用對象為六歲以下。因為這個時期，正是可大規模開發大腦的重要階段。為了今後數十年的歲月，應該在這段期間替孩子做好應付一切的準備。**

對於養育法，至今依舊有人理所當然地這麼對我說：

「育兒的方式並沒有正確答案。」

「要一邊嘗試許多方法，一邊尋找正確的答案。」

這麼說也沒有錯。但，多數的家長並沒有可以這麼做的餘裕。

另，針對現今的某些養育法，我也抱持著以下的質疑：

「有些方式花時間、花精力又花錢。」

「有些方法很嚴格，如果孩子與家長不夠堅持根本無法執行。」

諸如此類。其他還有很多類似的問題，這裡就不贅述了。總而言之，我發現有些養育法的門檻太高，仿效執行起來也很不順手。因此，我便自己動手編整出了一套養育法！也是書寫本書的動機。

為了降低執行的門檻，我將平時能輕易做到的事稍加變化後，拿來作為主要的執行方式。讓家長們不但能感受育兒的樂趣，也不必花費太多力氣去執行。我針對溝通、生活習慣、遊戲、學習四大面向，一一設計出相對應的育兒方式。

隨手翻閱，或許會覺得本書中也有許多「不要與他人比較」、「多擁抱孩子」等傳統的養育法。那是因為書中整理出的是「最有效的方式」，所以即使不是最新的方式，也一樣會寫進書中。

不過，無論哪一種養育法，本書中所提及的內容，都有教育機構的研究結果與實證作為背書，不但能讓你理解當中的理論根據，就算是原本因為「這些我也知道啊！」而飽受輕視的養育法，在閱讀過本書後都能讓你更了然於胸，進而讓你更願意投注熱情來執行。

養育孩子要先從瞭解自己開始——找到您與孩子的「幹勁開關」

當然，本書也有在同類書籍中無法得知的育兒方式。例如「分辨自己是屬於哪種類型的測驗」。孩子所具備的「幹勁開關」，其實很大一部分遺傳自父母。因此在本書中，父母只要花三分鐘做完簡單的診斷測驗，便能透過瞭解自己，進而找到與孩子互動最好的模式。

此外，**「給予讚美好嗎？」和「應該什麼時候開始學英文？」這些一直議論不休的問題，本書也給予了清楚明白的答案。**

而在書中的結尾部分，刊載了「總複習」。關於每一項育兒方式所必須學習的重點，全都濃縮於此，光看這一部分，便能立刻知道「該怎麼做才好」、「該怎麼思考才好」。將本書完全讀過一遍的讀者，便可如標題般進行「總複習」。請一定要善加活用。

育兒本來是件愉快、有價值且能讓家長跟著一起成長的美事。本書若能成功將美好的育兒一事，轉化為連接歡快未來的橋樑，我將感到無比幸福、欣慰。

Happy Edu 執行長　長谷川和香

※本書中出現的孩子們的名字（如裕樹、小玲等）都是假名。

第1章

溝通

家庭是孩子出生後第一個經歷的社會。讓孩子看到父母相互交換意見，並找尋更好點子的溝通方式，能讓孩子學會「意見不同是件好事」。

1-1 明確找出孩子的才華所在

才華終究取決於遺傳與環境

首先，針對「才華到底取決於環境還是遺傳？」這個長年爭論不休的議題，我們來簡單梳理一下它的歷史脈絡。

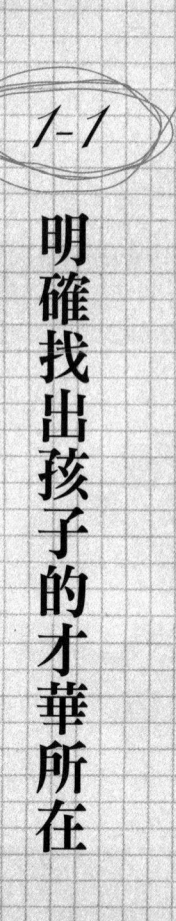

十九世紀前半，認為取決於「遺傳」的美國心理學家阿諾德·葛賽爾（Arnold Gesell）等人，與同為美國籍且認為取決於「環境」的心理學家約翰·華生（John Watsons）等人針對此問題爭論不休。

在這些爭論中，德國的心理學家威廉·斯特恩（William Stern）卻提出了「才華取決於遺傳與環境的加總」這種說法。現今用於計算智商高低的ＩＱ指數，便出自於斯特恩之手。「對啊，兩者都很重要！」雖然我能理解這種說法，但若以加法為例，「無論遺傳或環境，即使有項為零分，但只要另一項為一百分，則依舊可得出一百分的才華。」這麼說似乎又有些不太合理。

爾後，美國的心理學家亞瑟．傑森（Arthur Jensen）又提出另一種說法——「能讓遺傳的可能性開花結果所需的環境，依特性不同而有很大的差異。」例如，對於身高等特質，遺傳佔了相當大的影響，但**智慧等特質則「需要適合此遺傳的特質環境，才能結實纍纍。」**現今，此說法已蔚為主流。

家長的人格特質也會遺傳給孩子

簡言之，依據亞瑟．傑森的說法——「雖然遺傳會帶來影響，但必須在遇到適合的環境時，才能將影響發揮到極大值。」

在思考什麼樣的「環境」才能發揮遺傳上的智慧時，「人格特質」是必須重視的要點之一。「面對怎樣的環境會覺得興奮」、「什麼時候會感到幸福」、「怎樣的做法能更輕鬆」，依據不同的人格特質，答案將全然不同。有人會對熱鬧的環境感到興奮不已，也有

例如，二〇一七年的日本職棒選手中，有32％的人皆出生於四到六月，但一月到三月出生的職棒選手卻只有16％。J聯盟也一樣，活躍於J1的選手中，32％的選手出生於四到六月，而一到三月出生的選手則只有15％。

職業運動選手中，有許多人都是從幼兒期便開始從事相關的運動，而在幼兒期，即使一年的年齡差距，在體格上的差異也會相當明顯。

因此，四到六月出生的孩子不但可與前學期★的孩子一起練習，也比較容易被挑選為選手。這段時期的經驗，與之後能否當上職業選手關係甚深。雖然主要優勢為體格上的差異，但如前所述，若孩子從小便展現出才華，那麼給予孩子一個具有優勢的環境，便能讓他們有更多發揮才華的機會。

接著，**「主動」的關係指的是，等到孩子稍有年紀後，會自動創造出適合自己才華的環境。**

例如，腦筋好的孩子會自己找書看、會主動向大人提問、也會主動學習。

因此，**第一步驟是讓家長充分瞭解自己的人格特質，然後刻意為孩子創造出適合這項特質的環境，接著替他們營造有利的環境，之後，孩子便會主動為自己創造適合的環境。**

孩子們主動地順勢而為、主動地學習、主動地提升自己的才華。這樣的方式，才能被稱之為最輕鬆、最自然、最有趣的聰明孩子養育法。

透過簡單測驗得知自己的人格特質

那麼，該怎麼做才能搞清楚自己的人格特質呢？**現今，出現了一套最具公信力的人格特質模式「五大因子人格模式」**。這套分析模式出自美國心理學家路易斯．格德堡（Lewis R. Goldberg）等人之手，他們將人格特質所具備的五大要素以不同的程度進行排列組合。首先，我們先來說明一下何謂五大因子。

1. 行動與積極（外向性）↕ 冷靜與深思（內向性）：所謂的外向或內向，取決於對積極情緒的反應。

外向性高的人，積極的情緒強烈，看到不錯的東西，立刻就會飛撲而上。內向性高的人不會立刻採取行動，而會冷靜地進行判斷。會有這樣的差異，與積極情緒關係甚深

編註
★日本的學制將一年分為前學期與後學期，四月就學的孩子所讀的就是前學期。

的神經傳導物質「多巴胺」在腦中活化的程度多寡有關。而造成這種情形的原因，非常可能與前述的「多巴胺受體Ｄ４」的基因長短有關。

2. 情緒安定與自信（情緒安定性）：所謂的情緒安定性，取決於對於負面情緒的處理。情緒安定性高的人，懂得如何妥善控制自己不安的情緒。而與這項人格特質有關的因素，據符茲堡大學的克勞斯・彼得・萊施（Klaus-Peter Lesch）等人的研究[3]，似乎與血清素轉運體有關。

3. 努力與自制（誠實性）：所謂的誠實性，指的是自制力與勤奮的程度。誠實性高的人，喜歡朝著目標訂立計畫。而這一點的個人差異，來自於前額葉的控制機制，也就是神經系統的配置不同所致。

4. 調和與利他（協調性）：所謂的協調性，指的是對其他人的心理狀態抱持著多少興趣。協調性高的人，喜歡讓其他人開心。這種能夠讀懂人心，並能與他人產生共感的能力之所以因人而異，來自於被稱為「心智理論」的心理狀態機制不同所導致。

5. 感性與信念（開放性）：所謂的開放性與感性的豐沛程度息息相關。開放性高的人，喜歡對事物有許多想像，也喜歡表現自我。雖然研究學者各執一詞，但基本上應該也與前額葉的活躍度有關。

關於上述第一點，雖然行動與積極的反面為冷靜與深思，但對促使孩子發揮才華來說，兩者都是很重要的關鍵。因此，不妨將其拆成兩個要素，並將全部六個要素排出先後順序，好好診斷一下自己的人格特質吧。事不宜遲，立刻著手進行吧！詳細的測驗方式刊載於網頁★上喔。

那麼，你的人格特質是什麼？一起來看看測驗結果吧！

請回答以下的問題，診斷你的人格特質，然後試著找出適合你與你的孩子，能幫助孩子施展才華的方式吧。非常同意為5分，完全不同意為1分，請以五階段評分來回答。那麼，開始囉。

問題1：與剛認識的人也能很快聊起天來嗎？（1、2、3、4、5）

編註
★人格特質診斷的網頁：http://www.happyedu.jp/14930735075714

問題2：喜歡去到從來沒去過的地方嗎？（1、2、3、4、5）

問題3：對於想要的東西，會想方設法得到嗎？（1、2、3、4、5）

綜合（問題1）～（問題3）的分數，便是你的「行動與積極」等級。

你的「行動與積極」等級為（　　　　　）

問題4：你不太介意自己的缺點嗎？（不介意為5（1、2、3、4、5）

問題5：不會因為小事便垂頭喪氣。（1、2、3、4、5）

問題6：不會感情用事，總是非常冷靜。（1、2、3、4、5）

綜合（問題4）～（問題6）的分數，便是你的「情緒安定與自信」的等級。

你的「情緒安定與自信」的等級為（　　　　　）

問題7：一旦下定決心，便會堅持到最後？（1、2、3、4、5）

問題8：你是腳踏實地、苦幹實幹的人嗎？（1、2、3、4、5）

問題9：你會確實遵守規定嗎？（1、2、3、4、5）

綜合（問題7）～（問題9）的分數，便是你的「努力與自制」等級。

你的（努力與自制）等級為（　　　　　）

問題10：對每件都會不斷收集資訊直到搞懂為止？（1、2、3、4、5）

問題11：對每件事都深思熟慮後才採取行動？（1、2、3、4、5）

問題12：你是經常反省的人嗎？（1、2、3、4、5）

綜合（問題10）～（問題12）的分數，便是你的「冷靜與深思」等級。

你的「冷靜與深思」等級為（　　　）

問題13：很多人依賴你並習慣找你商量事情嗎？（1、2、3、4、5）

問題14：你經常與朋友一起從事活動嗎？（1、2、3、4、5）

問題15：你在乎他人過得是否愉快嗎？（1、2、3、4、5）

綜合（問題13）～（問題15）的分數，便是你的「調和與利他」等級。

你的「調和與利他」等級為（　　　）

問題16：你喜歡藝術與文化的活動嗎？（1、2、3、4、5）

問題17：你喜歡思考具哲學性的問題嗎？（1、2、3、4、5）

問題18：你會積極學習新的知識嗎？（1、2、3、4、5）

綜合（問題16）～（問題18）的分數，便是你的「感性與信念」等級。

你的「感性與信念」等級為（　　　）

你的最高等級是六大要素當中的哪一項呢？

在下一章節中，**我們將針對孩子所具備的各大要素，具體地告訴你該怎麼培育出聰明的孩子。**

1-2 讓孩子發揮才華

你的人格特質診斷結果如何？有的人可能會覺得「果然跟我想得一樣」，但應該也有人覺得有些意外。

我常聽到人家說：「孩子從生下來後就開始改變了。」即使從你身上繼承的基因沒有改變，但一旦環境出現變化，人格特質也會跟著有所不同。接下來，我們來看看為什麼說人格特質得自於「遺傳與環境的乘法」。

接下來我們要討論的是：

- 在不同要素中獲得較高等級的家長各自具備的特徵
- 建議該怎樣活用這項人格特質以培育出聰明的孩子

● 介紹利用自己覺得輕鬆的方式，成功幫助孩子發揮才華的家長們的經驗談

聰明的孩子不是靠教材培育出來的，家長花了多少的心思才是真正的重點。人格特質的診斷結果絕對不會是漂亮的正六邊形，通常當中兩項會較其他要素的得分更高。先把適合當中高得分要素的方式寫下來，就能成為適合你的「聰明孩子養育法」參考了。

「行動與積極型」的聰明孩子養育法

簡單的說，你是個有野心的人。無論對自己或對孩子，你都不會輕易妥協，總是向著很高的目標前進。但，衝過頭可是大忌！請愉快地培育你家的聰明孩子。

你對事物的想法比較積極正面，所以凡事總是勇往直前。也因此你總是能不斷獲得新的機會。

更進一步說，你一有念頭就會付諸行動，甚至邊進行邊思考。你下決定的速度非常快。因此，你絕對不會讓到手的機會溜掉。

透過與你一起體驗許多事，能讓你的孩子累積對成功與失敗的經驗。因為擁有很多經驗，便會擁有「如果這麼做，就會得到這樣的結果。」的思考能力與創造力。這樣的孩子不但聰明，更具備領袖特質。而從你身上繼承而來的行動力，也會被培育成能拉著大家一起前進的行動力。

案例A：製作「目標達成雙陸棋★」，將幹勁提升至滿點

高中時代曾獲得縣運游泳比賽亞軍的A先生，目前是位四歲女孩的父親。雖然每天早上澆花是小孩負責的家事，但因為孩子很難養成習慣，讓A先生非常苦惱。

於是他與孩子一起製作了一個月的「目標達成雙陸棋」，並將紙張貼在廁所，讓孩子每天都為了能朝目標接近而

A先生的人格特質

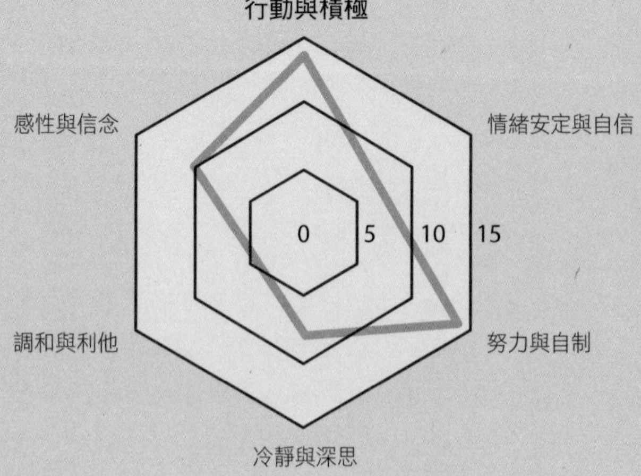

努力著。如今，早上澆完花後就走到廁所，已經成為孩子的習慣。

將近在眼前的目標以清楚易懂方式傳達給孩子，便會讓他們湧現出邁向目標的幹勁。「一起」製作雙陸棋，也是提高動力的重要關鍵。

案例B：與孩子一起欣賞出遊照

即使特別帶他到外地，但一到陌生的地方，孩子就一定會躲在母親身後，

編註

★ 雙陸棋，又稱百家樂棋，是一種兩人對弈的版圖遊戲。在原本的規則中，以擲骰子的點數來決定棋子移動的步伐，第一位把所有棋子移離棋盤的玩家可獲得勝利。

B女士的人格特質

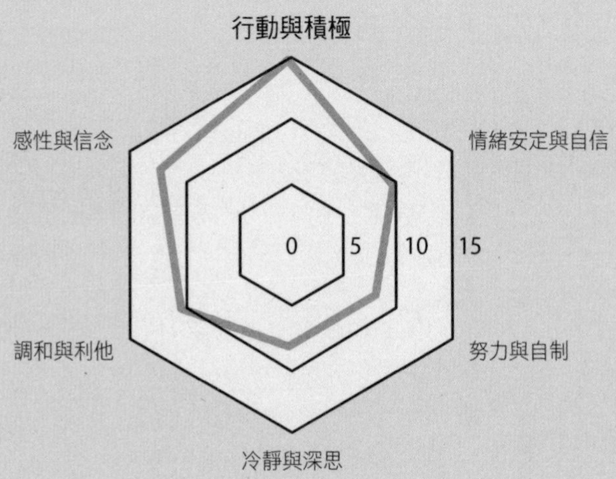

讓人覺得畏畏縮縮。

對於孩子（兩歲・男孩）這樣的態度，B女士一直覺得不太高興。然而，當她將出遊的照片裱框貼在家裡的牆上後，孩子每天都拜託她說說當天出遊的事情。因為被孩子要求說了太多次，她只好再帶孩子到那裡去，沒想到與前次不同，這次孩子充分發揮了求知的好奇心。

應該是因為每天都很興奮地看著照片，讓孩子已經把開心的記憶深深印在腦海裡的關係吧。

「情緒安定與自信型」的聰明孩子養育法

你非常擅長於控制自己的感性。因為對自己的育兒方式很有信心，因此不會太在意其他家長的意見，能堅守立場守護自己的孩子。因此，你的孩子很有安全感，他們不怕失敗，勇於面對挑戰。到頭來，你的孩子也被培育出了如你一般的自信與自我效能感。

因為你懂得應變，即使計畫不順遂也不會因此焦躁。順道一提，英國的自然科學家達爾文曾說過：**「最後存活下來的生物不是最強壯的，或者最聰明的，而是那些最善於應變的。」**

一起來增強孩子的應變能力吧。所謂的應變能力，包含仔細聆聽大家意見的度量、自己在新環境中該如何自處，並找到自己應從事的目標之能力。這些都是很值得羨豔的特質喔。

案例C：爸爸媽媽愛抬槓

家庭是孩子出生後第一個經歷的社會。讓孩子看到父母相互交換意見，並找尋更好點子的溝通方式，能讓孩子學會「意見不同是件好事」。

C先生一直很煩惱，他的孩子（四歲．女孩）因為太溫吞，總是不敢說出自己的看法。當C先生開始讓孩子常看到他與太太互相交流意見的模樣

C先生的人格特質

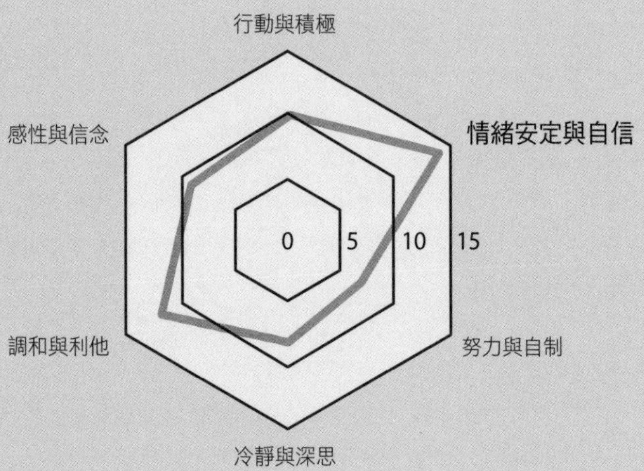

後，孩子也開始敢於在幼稚園完整說出自己的意見。而且，她在陳述意見時還懂得留意不要傷了大人的尊嚴。真期待這孩子未來的發展。

案例D：買把好切的小菜刀

「廚房養育法」不但能培養許多不同的感知、能讓孩子動手做，還能接觸到科學的有趣之處。化學家們常津津樂道：「很會做實驗的人，也很會下廚。」

身為職業婦女的D女士，對於她在忙著煮晚飯時，孩子（兩歲．男孩）總讓她分心而感到困擾。後來她決定買把小菜刀，讓孩子與她一起做飯後，孩

D女士的人格特質

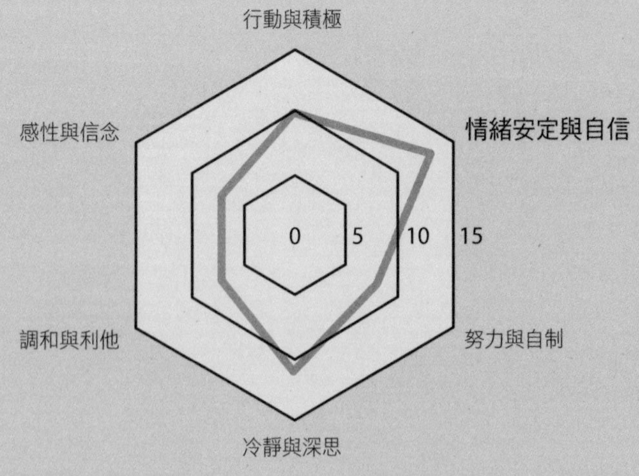

子變得更有自信。這方式大獲成功。如今連到超市，孩子都會自己挑選蔬菜，連裝盤都會多花些心思。在廚房這個原本陌生的環境中，更能讓孩子找出自己想做的事，並發揮能力尋找出自己應該做什麼。

因為D女士的孩子學會了很多知識，反倒讓D女士對周遭的孩子連食材的名字都搞不清楚一事大感吃驚。

因為，那些不是靠小卡片或繪本所學會的，而是從實物直接學到的真正知識呢。

「努力與自制型」的聰明孩子養育法

眾所周知的棒球天才鈴木一朗曾說過：「**我並不希望大家簡單用一句天才來形容我。我可是付出了許多努力。**」無論有多大的可能性，沒有付出努力便不可能開花結果。你與一朗一樣，是可以不計辛勞苦幹實幹的類型。

你很喜歡訂立計畫，而且非常喜歡計畫能如預料般順利進行。因此，如果事情只是讓你有點心動，你也能沉得住氣，意外的冷靜。

一起來讓孩子將這種能埋頭苦幹的才華也好好發揮吧。**最重要的是，幼兒期千萬不可以強迫他們，他們才能理解不只為了開心，而是為了達成目標才努力是怎麼一回事。**

如此一來，即使不多干涉他們，也能培育出懂得自發學習的孩子。

請跟孩子一起訂立你們的計畫吧。你的孩子，一定能做得很好。

案例E：將計畫寫在一大張紙上並貼在客廳

孩子開始上幼稚園後，早上起床與睡前根本就像戰場一樣，讓人手忙腳亂。

身為職業婦女的E女士有兩位女兒，分別為四歲與兩歲。雖然平時很忙碌，她還是努力讓一家人能在早晨相聚在一起，但是同時，她又希望能讓孩子多睡點，這件事讓她相當煩惱。

E女士的人格特質

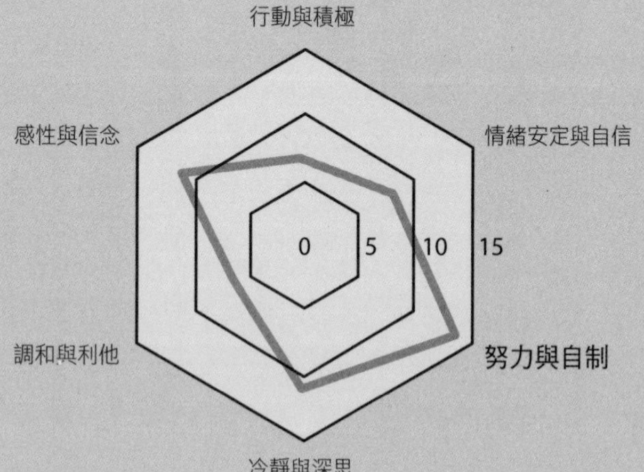

因此，她將早晨與睡前的計畫寫在一張大紙上，並貼在客廳。姊姊一下就瞭解自己該做什麼，並漸漸開始自己主動去做。而且，甚至連先生都開始自動自發了起來。**不僅是孩子，對全家人來說，把計畫「可視化」，得到了相當明顯的成效。**

案例F：讓孩子看見自己努力的模樣

對孩子來說，家人的「理所當然」，也是他們的「理所當然」。不必多說，這樣的「理所當然」將影響孩子們的一生。

F先生以前會在孩子（五歲・男孩）睡著後，為資格考試K書。但現

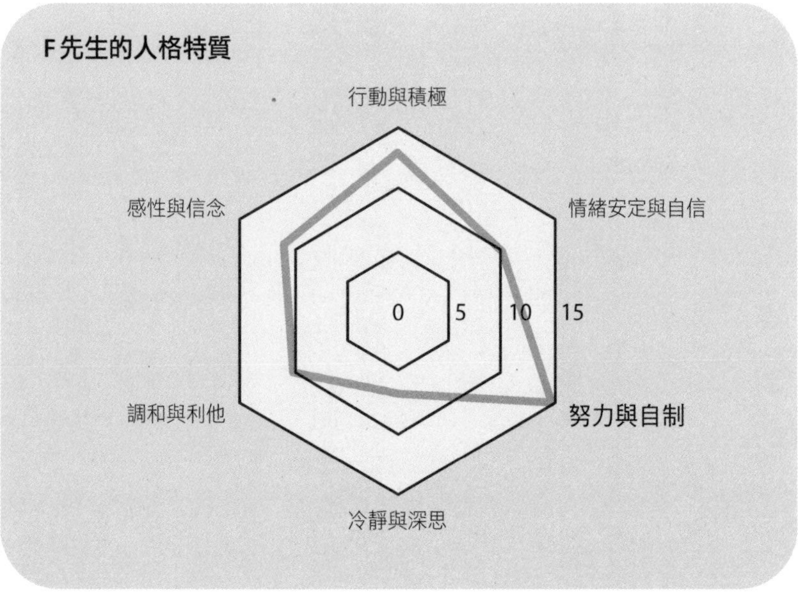

在，在孩子看書的時候，他也會在一旁讀書。孩子自己也說「我也想去考試」，不久後就通過了漢字檢定十級（國小一年級程度）。之後也以更高的等級為目標繼續努力著。**與其對孩子說「要加油喔」，不如讓孩子看看家長們努力的模樣，反而更有效喔。**

「冷靜與深思型」的聰明孩子養育法

你在完全理解狀況前，不會輕舉妄動。**你總是冷靜觀察，收集許多資訊後才會選擇最好的行動方式。**因為基本上，你就是喜歡思考。無論是謎題或嶄新的點子，突然想通這些東西的時刻，能為你帶來很大的愉悅。

此外，由於你的責任感很強，周遭的人也很信任你。你非常看重約定。看著你的態度，孩子也會跟著培養出強烈的責任感。

好好教導你的孩子思考所帶來的樂趣吧。但對孩童來說，他們負責邏輯思考的前額葉皮質尚不發達，太難的問題對他們來說並不有趣。因此，請讓他們多玩一些簡單的謎題或小測驗，讓他們培養出「我最喜歡思考！」的想法吧。

案例G：通過遊戲讓孩子瞭解計畫與成功息息相關

G女士有位五歲的女兒。為了培養孩子的專注力，她積極的在生活中加入些小小的挑戰。

夏日祭典時，孩子總會為了最喜歡的水中撈球遊戲用盡全力。為了那一天的到來，他們一定會先在浴室練習。多虧了這些練習，孩子拿到了連店裡的大哥哥都大吃一驚的戰利品。對大人來說，這可能沒什麼大不了，但對孩子來說，這可是最棒的動章。

無論是把石頭丟遠一點，或是把積木堆得高一點，這些生活中的小小挑戰，都讓孩子們盡興地玩到他們滿意為

G女士的人格特質

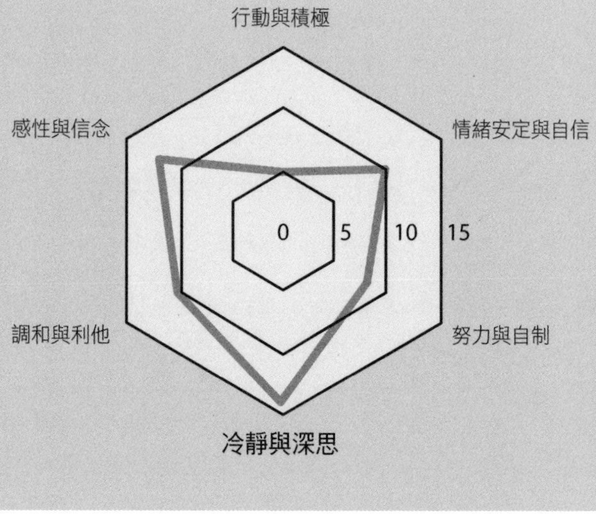

止吧。

案例H：將整套系列圖鑑放在客廳

H先生是位愛讀書的爸爸。自從孩子（三歲．男孩）出生後，他便唸了很多繪本給孩子聽。但孩子最常拿來叫他唸的書，卻是孩子最喜歡的汽車圖鑑。

因此，H先生在客廳很顯眼的地方放了一整套圖鑑，孩子一有空就會自己專心的讀著。曾幾何時，雖然大人並沒有教他，孩子竟然自己記起了很多交通工具與動物的名字。

以孩子感興趣的東西做為契機，藉此提高孩子對於知識與學習的欲望，這

H先生的人格特質

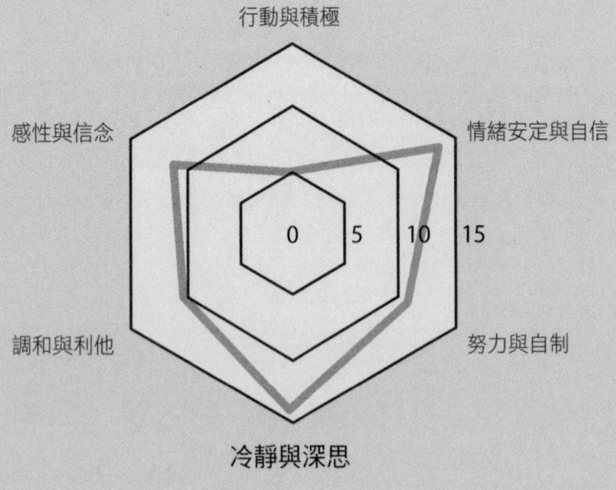

一點非常重要。記得把適合孩子年齡的圖鑑，擺放在醒目的地方吧。

「調和與利他型」的聰明孩子養育法

你很能理解對方的感受，容易與他人產生共感，因而會為了他人而採取行動。「利他」是「利己」的反面。你非常喜歡讓他人開心。因此在你的周圍，總是聚集著許多人。另一方面，當你遇到問題時，周遭的人也會很樂意出手幫你。

此外，**你是個很棒的聽眾，也懂得怎麼傳達自己的意見，是個溝通高手。**

一般來說，女性在「調和與利他」這要素上，等級通常比男性高。為什麼會這樣？因為在以前，育兒是女性的工作，而養育孩子正需要很好的調和與利他能力，因此進化的過程中便形成了這樣的狀況。

活用你絕佳的溝通能力與利他的心思，幫助孩子們逐漸拓展他們的世界吧。如此一來，讓孩子學會世界通用的智慧與社交能力，絕不是癡人說夢。

案例I：舉辦家庭派對

I女士以前很喜歡招待許多人來家裡，生完小孩後卻變得不太喜歡這麼做。但與她的孩子（三歲．女孩）一起計畫生日派對時，卻對孩子超乎年齡的優秀能力大為驚艷。孩子認為，一定要想出讓來參加派對的人開心的點子才行，如果她是個大人的話，一定非常適合擔任各種活動的主辦者。

不只是派對，也可以跟孩子一起想想能讓爸爸喜歡的菜單，或是送給爺爺、奶奶的禮物呀。

I女士的人格特質

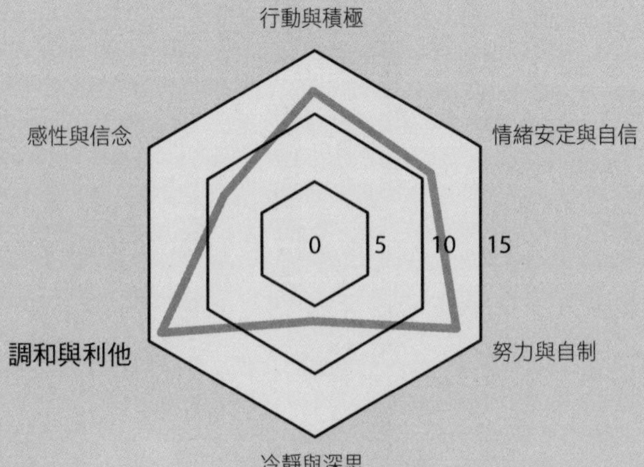

案例J：與孩子一起到跳蚤市場擺攤

學生時代曾在五金百貨店打工的J先生，有時會與他的孩子（四歲．男孩）一起到跳蚤市場擺攤。擺攤之前，孩子會自己把玩具清理乾淨，並把穿不下的衣服摺好。擺攤當天，孩子還會對著比自己小的其他孩子說：「要好好愛惜喔。」非常有身為店長的風範。

這麼做能學到愛惜物品、珍惜金錢、如何與陌生人交流往來等事情，如此看來，跳蚤市場是個很棒的學習場地呢。但與孩子一起時不要太勉強，擺攤的時間短短就好囉。

J先生的人格特質

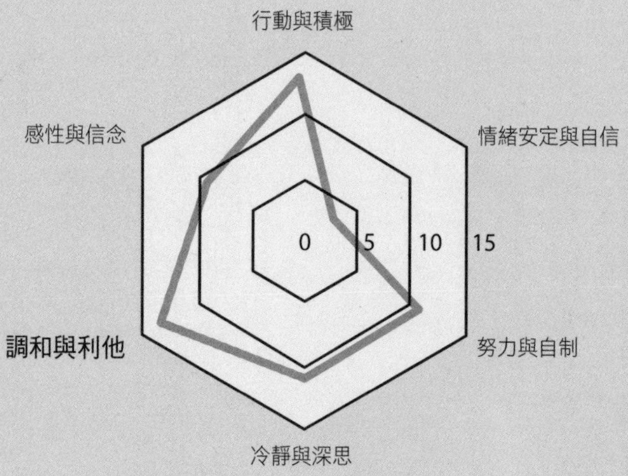

「感性與信念型」的聰明孩子養育法

你擁有豐富的感性與創造力。而且，你非常喜歡學習新知識。為了讓孩子喜歡學習，必須先讓他們覺得學習本身是件有趣的事。因為你非常理解學習新知所帶來的樂趣，所以，你一定能教會孩子學習的樂趣。

將你所熟知的學習樂趣交給孩子吧。透過遊戲與生活，讓孩子培育出滿盈的感性，接著巧妙地跨到學識上的學習，便能讓孩子百分百地發揮出他們的才華。

案例K：騰出寬廣的塗鴉空間

K女士的孩子（四歲．女孩）很討厭練習寫平假名，讓K女士很煩惱，不知道有什麼方式能讓孩子開心地練習。之前，他們是以鉛筆在教材上練習，某日，換成以麥克筆或蠟筆在大張的圖畫紙上書寫，孩子竟然開始喜歡練習寫字。

孩子喜歡使用身體來描繪大型的東西。就像在沙池玩泥巴，或是在游泳池玩水或玩鬼抓人一樣。**習慣使用全身的孩子，很難適應教材中的小方格。只要準備白板或整卷的紙張，並放在平時就能隨意寫大字的地方就可以了。**

作者實證：讓孩子看見父母實現自己夢想的模樣

如果想要讓孩子培育出擁抱夢想，且能努力朝夢想奮鬥的能力，最好的方式就是讓他們看看家長為此努力的模樣。在「行動與積極」、「努力與自制」這兩方面等級較高的本人，的確擁有很大的夢想。至今，在許多貴人的幫助下，有機會執筆書寫了本書，讓我往夢想踏出了很大的一步。

一面在公司工作，一面不斷遇上挫折，但即使舉步維艱，我依舊緩步前進著。這一切，在我身邊的兒子全都看在眼裡。**每一天，我都確實感受到我的作為，為兒子的人生帶來了不小的影響。**

K女士的人格特質

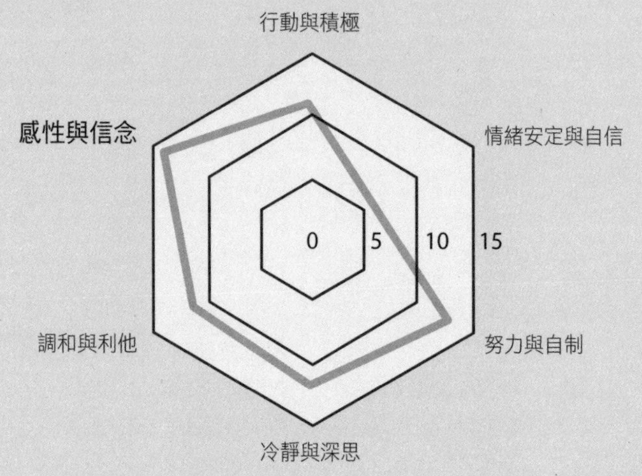

為了有天能讓兒子看到我實現夢想的模樣，我會繼續向前邁進的！

作者本人的人格特質

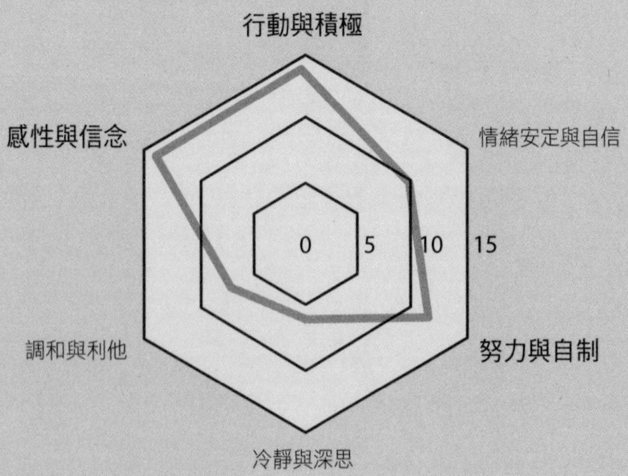

1-3 投注關愛的方式

只要培育孩子的人格與心智，孩子便會自然培養出學識與體力

首先，想當然的，培養聰明的孩子絕非一蹴可幾，一切必須奠基於「人格與心智」的培養。無論讀了多少書，無論擁有多少才華，若只會一天到晚怨天尤人，或完全沒有上進心，是無法留住任何夥伴的，且做什麼也都只會虎頭蛇尾。但這類人，其實腦子一點也不差。

據說，人格與心智在幼兒期時，百分之百是由雙親塑造而成，且幾乎一輩子都不會再有什麼改變。此外，唯有在幼兒期確實培育出好的人格與心智，才能讓花在吸收學

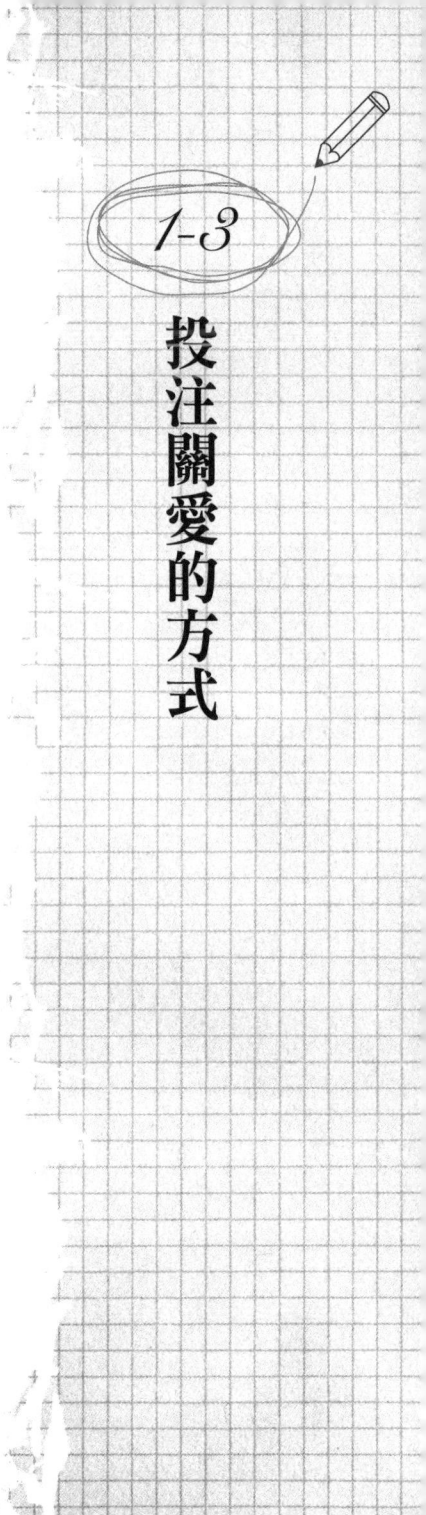

識、增強體能的功夫更加事半功倍。

在孩子小時候，學識、體力的培育多半與家長息息相關，但之後便漸漸無法多所干涉了。等孩子上了中學後，更完全無法幫上什麼忙。因此，**我們必須培養出懂得自己學習的孩子才行。**若能做到，自然能養育出懂得自己開拓夢想、聰明且堅強的孩子。

總之，我們要培養的不只是會讀書的孩子，更重要的是先培養他們的人格與心智。

為什麼當孩子覺得不安時，只要陪在他們身邊就能培育出聰明的孩子？

接著，我們來認識一下英國的醫學研究者約翰．鮑比（John Bowlby）所提倡的「依附理論」為什麼認為人格與心智如此重要。

依附理論認為「當孩子出現不安或恐懼等負面情緒時，會本能地依附在保護者的身邊，以拾回安心的感受。」所以他們會以哭泣來吸引雙親靠近，或依偎在父母身邊。

有個實驗，充分展現出了孩子的這種本能。父母們可能都有過這種經驗，將哭泣的孩子抱在懷中來回走動後，孩子立刻就不哭了的經驗吧。

事實上，獅子或松鼠等動物也有一樣的情形，當這些動物媽媽們，將孩子叼在口中行走時，動物寶寶會為了讓媽媽容易行走而把身體蜷縮起來。

根據國際研究員吉安魯卡・艾斯帕昔多（Gianluca Esposito）等人的實驗，當人類的**母親將嬰兒抱起來走動時，嬰兒不僅會停止哭泣，動作會減少，連心跳都會變慢，呈現出放鬆的狀態❶**。一旦有危險靠近時，若媽媽抱起嬰兒跑開的動作需要花上太多時間，對媽媽或嬰兒來說都可能危及生命。因此，當嬰兒感到不安或有危險時依偎在母親身邊，或在感到危險的狀態下，只要母親伸手擁抱便會停止哭泣並轉為放鬆的狀態，都是出自於動物的生存本能。

此外，脆弱的孩子，原本就具備容易感到不安的本能。如果孩子對不安的感受很遲鈍，說不定人類早就滅亡了。但，若當下並沒有必要感到不安，便需要立刻調整孩子的狀態。

東京都醫學綜合研究所的飛鳥井望博士表示，依據依附理論，若不安的感受一直無法被消除，負責釋放壓力荷爾蒙（皮質醇）的腦部迴路便會不斷增強❷。**之後，只要稍微遇到壓力便會喚醒讓人不舒服的回憶，使得腦部活化後施放壓力荷爾蒙，且不斷落入這種惡性循環。最後，將導致學習能力下降，自制力與注意力都變差，進而培養出行為偏差的孩子**。

因此，為了培育孩子的人格與心智，適當回應孩子的依附狀態可說相當重要。

依附能提升記憶力

接著，我們來談談依附對孩子的腦部發育會產生什麼樣的影響吧。從出生到四歲左右，腦中被稱為邊緣系統的部分正在急速成長中。大腦邊緣系統又被稱之為「依附腦」，因此給予適當的依附可讓杏仁核加速成長。

杏仁核中（靠近耳朵深處的地方），有個負責掌控記憶的部位叫「海馬迴」。一旦海馬迴決定要「記起來！」那件事便會長時間被保存在記憶中。而在海馬迴的旁邊，則是負責掌管情緒的杏仁核。東京大學的池谷裕二教授表示，海馬迴決定是否要「記起來！」的過程中，杏仁核扮演了關鍵的角色❸。

也就是說，當杏仁核亢奮的時候，一旁的海馬迴便開始運作，進而提高了記憶力。孩子對自己喜歡的東西記憶之深刻，總讓大人覺得不可思議。那是因為海馬迴與杏仁核組成了最佳的拍檔。杏仁核與海馬迴越活躍，記憶力變越能獲得提升。**因此，讓孩子學習時，無論教材多棒，如果孩子無法樂在其中，這個學習便毫無意義。所以，父母必須盡全力替孩子創造出能讓他們快樂學習的環境，這一點至為關鍵。**

此外，依附能讓杏仁核與海馬迴獲得大幅成長。熊本大學的友田明美教授指出，受虐兒的依附需求未受到滿足，杏仁核會失控而傷害到海馬體，導致海馬迴萎縮❹。

父母若能給予可靠的安全感，能培育出孩子的求知欲

接著，我們終於要具體談到什麼樣的依附能培育出聰明的孩子了。根據約翰・鮑比之後的許多研究者對於依附理論的研究，可以發現**依附會對孩子的發育帶來三項重大的影響——旺盛的求知欲、獨立性與高度的社交性。**

首先我們一起來看看，依附對於旺盛的求知欲究竟帶來什麼樣的影響吧。在公園等地遊玩時，如果遇到讓人害怕的事物，孩子會跑到父母身邊尋求安心感。如果這時能好好接受他們的情緒並抱著他們說：「很恐怖是嗎？已經沒事囉。」他們又可以放心地四處奔跑了。之後，如果又遇到什麼讓人恐懼的事，孩子又會跑到父母身邊，讓父母抱抱他們。這種循環可幫助孩子培育出求知欲。

在這樣的情境中，父母扮演的角色是「安全基地」。因為是安全基地，若無法提供可靠的安全感可不行。希望孩子能安心時，若父母本身卻緊張兮兮的，便無法符合安全基地應提供的功用。

若想帶著孩子四處去，希望孩子能習慣新的托兒所，期望孩子能喜歡學習，**首先，身為父母的你要先學會放鬆。總之，若父母太急躁，孩子反而會變得很難放輕鬆，請千萬注意。**

不拒絕孩子的依附，反而能培育出獨立的孩子

其次，依附對孩子的獨立也有很大的影響。如果爸爸、媽媽總是在安全基地等著**他們，讓孩子覺得「無論何時都有人會接納我。」**這樣的想法會讓孩子在心裡建立起內心的安全基地。**如此一來，孩子們只要回溯一下內心的安全基地，便能找回需要的安全感。**正因如此，才能讓他們會獨立。

會尋求父母的協助，代表孩子內心的安全基地還不夠健全。但這時父母卻對孩子說：「自己想辦法！」之類的話，會讓他們內心的安全基地遲遲無法完善。因此，記得「不要拒絕前來求助的孩子。」

此外，**所謂的依附不單指來找父母抱抱的行為，一切看來像撒嬌的行為都是一種依附的表現。**即使是自己會做的事，孩子也有時候會說：「幫我做那個！」和「我不會！」這些也都是心理上的依附行為。孩子希望透過這樣的方式，能獲得「媽媽永遠會來幫我忙。」的安心感。但，如果這時你卻對孩子說：「這種事你不是會自己做嗎？」便是在破壞學齡前孩子內心安全基地的建立。

三歲的小禮是個非常害羞內向的孩子，總是躲在媽媽的身後。而且，她明明會自己穿鞋子，卻老是跟媽媽說：「幫我穿！」而媽媽也總是乾脆地回：「好啊。」**坦然地接受**

小禮的依附，沒想到持續不到半年，小禮卻成長為連媽媽都大為驚訝的獨立女孩。

如果當時媽媽並未接受小禮的依附，或許小禮內心的安全基地至今都還無法建立完成呢。

此外，**「無論何時自己都會被人接受」這種正面的印象，也會在與朋友、老師等其他人接觸的時候，轉化為一種自我認知。而這樣的自我認知，也會加速發展孩子的社交性。**總是被接納的孩子，將成長為開朗、積極的人。因此我們可以說：「人格與心智來自父母的塑造。」

不過，有兩項行為雖然與依附行為很接近，雖然也會促進發展，但卻帶著危險的信號。分別是父母的「雞婆」與孩子的「試底線行為」。接著，我們就來談談這兩點。

「雞婆」將破壞孩子的需求

孩子明明沒有求助，卻預設孩子的需求而先提出幫助，這樣的行為不是提供依附，而是「雞婆」。

美國科羅拉多州立大學的依附理論研究學者英格．布列瑟頓（Inge Bretherton）博士表示：「千萬不可雞婆。必須先讓孩子感受到需求，等到他們發出訊號後，媽媽才敏銳地作出反應[5]。」

之前提到的小禮，如果媽媽在小禮開口要求前便先幫她把鞋子穿好，便阻斷了小禮求助的機會。如此一來，小禮便不會出現想自己穿鞋的念頭，也必然無法做到獨立。

但，也有可能孩子真的只是因為不想自己做而跑來尋求父母的幫助。要區分這兩者，的確很困難。**當中最大的差異在於——你不在場時孩子的態度。**試試詢問一下你的親朋好友。如果你不在場時，孩子能自己做的話，那麼代表他們只是向具有安全基地功效的父母撒嬌而已，這完全沒問題！但，如果你不在場時，孩子還是會找其他人幫忙，代表你平時把他們照顧得太好了。今後需要穿鞋時，不妨對孩子說：「先拿著這裡，然後把魔術氈貼上去。」等，慢慢讓孩子自己嘗試去做吧。

「試底線行為」是一種對父母缺乏安全感的展現

約兩歲左右，孩子開始邁入了什麼都「不要」的時期。如之前所述，出生後，孩子的大腦邊緣系統開始越來越發達，到兩歲左右，孩子在需求與情感方面已經變得非常多元。

因此，**不到四歲的孩子的無理取鬧（什麼都不要），可說是大腦邊緣系統充分發展的**

證據。

但，即使已經跟孩子說過有哪些事是不能做的，由於他們控制需求的前額葉皮質要到四歲之後才會開始急速發展，因此未滿四歲的孩子並無法適當的控制自己對需求的欲望。知道這一點後，在孩子四歲前，面對他們的「不要！」應該能更寬心以待吧。

另一方面，若孩子四歲後依舊任性且無理取鬧，或雖然不到四歲，但任性的程度卻太誇張，明明知道媽媽說不可以，卻故意做些讓媽媽傷腦筋的行為，或許就是一種危險的信號了。愛說謊、故意打翻食物、欺負弟妹等。容易導致這些「試底線行為」的狀況，可能有以下幾項：

- **弟妹出生後，父母突然不再陪他們玩**
- **父母對他們的態度時常焦躁不耐**
- **父母時常對他們說「討厭」、「不管你了」、「隨便你！」之類的話**

這種時候，會讓孩子對父母的關愛產生不安。原本應該幫助他們消除不安的父母，卻讓他們感到不安，讓他們對依附的需求無法獲得滿足。所以，他們會希望獲得父母的注意力。但，要被父母稱讚太難了。因此「讓父母生氣」反而成了最後手段。

也就是透過讓父母生氣的方式，來引起父母的關注。

家長的確會認為「對父母來說，孩子當然很重要啊！」當聽到父母說：「我不管你

了！」的時候，孩子可不會認為「即使爸媽這麼說，爸媽還是很重視我的。」請**確實對你的孩子說：「你對我非常重要喔。」幫助孩子消除對父母關愛的不安吧。**

當孩子做出「試底線行為」時，家長如果發怒可是會有反效果的。因為孩子就是為了讓家長發怒而這麼做，所以反而會讓他們覺得這麼做的確是有效的。絕對不可以生氣。不要生氣，但要糾正他們。

遇到這種時候，請先深呼吸，讓你的副交感神經完全啟動（詳情請見第九十一頁的「深呼吸能讓你解除焦躁」。）然後以冷靜的情緒好好跟孩子說：「不可以這樣，我最喜歡的孩子這麼做，會讓我很難過。」

給予依附的簡單方法——透過身體接觸產生溫暖互動

接著，我們來談談如何滿足孩子的依附吧。有位家長表示：「我雖然知道這很重要，但沒辦法花太多時間去做啊！」我的方法是——**請在一早就滿足孩子所需的安心感。**

剛滿四歲的優吾，每天早上換衣服的動作都超慢。媽媽因為忙著準備上班還要做早餐，只好每天都一直對著他喊：「快一點！」

為了改善這樣的狀況，媽媽每天早上在優吾起床前的十分鐘，便把還在睡的優吾抱到自己的膝上坐著。看著優吾朦朧的睡臉，媽媽忍不住接連對著優吾說：「好可愛喔！」「最喜歡你了！」「謝謝你誕生在我們家。」等。說著說著，優吾便在媽媽溫柔的聲音中甦醒。接著，媽媽就直接抱著優吾幫他換衣服。之前總是兵荒馬亂的換衣時間，如今卻成為充滿幸福荷爾蒙「催產素」的時間。

因為早晨的這段互動，讓優吾在不知不覺間蓋好了他的內心安全基地，進而減少了他大喊「媽媽，幫我！」的次數。

親子之間也能產生「幸福荷爾蒙」

剛剛我們提到了催產素這個名詞，最後，我們就針對這個名詞來解說一下吧。

近來我們發現，催產素這種荷爾蒙，與「依附」間有著深厚的關聯。所謂的催產素，是讓女性發揮母性本能的一種荷爾蒙。根據北卡羅來納大學的柯特．A．彼得森（Cort A. Pedersen）博士等人所言，給予未婚的雌性老鼠催產素後，即使對方不是自己的孩子，牠們也會勤奮地開始哺育對方❻。

此外，生產時子宮會收縮或嬰兒吸吮母親的乳房時會出現乳汁等現象，都是由於催產素的關係。女性的身體被設計為在生產後會大量分泌催產素，進而活化她們的母性本能。而母親與孩子在依附時產生的肌膚接觸，也會讓親子腦中的催產素大量產生[7]。

催產素之所以被稱為幸福荷爾蒙，是因為在人類感到幸福時會大量分泌這類荷爾蒙。婚禮中新娘的催產素濃度便高到超出想像。此外，這種荷爾蒙還能讓人對他人的情緒產生共感，減少壓力，並幫助安定心神。在腦部分泌催產素後，會讓媽媽更想擁抱孩子，因此讓孩子感受到更多的安全感。

此外，會幫助男性發揮父性的則是與催產素類似的荷爾蒙「血管升壓素」。我們發現到，一旦成為父親，體內的血管升壓素作用便會變強，藉此喚醒男性的父性光輝。

1-4 獎勵

獎勵會奪走孩子的學習欲望與想像力

你曾經因為希望孩子做到某些事而刻意給予他們獎勵嗎？或許你認為，獎勵能輕易提高孩子的專注力。

但事實上，錯誤的獎勵方式，不但會消弭孩子的才華，還會降低孩子的學習能力，讓他們變得討厭學習。

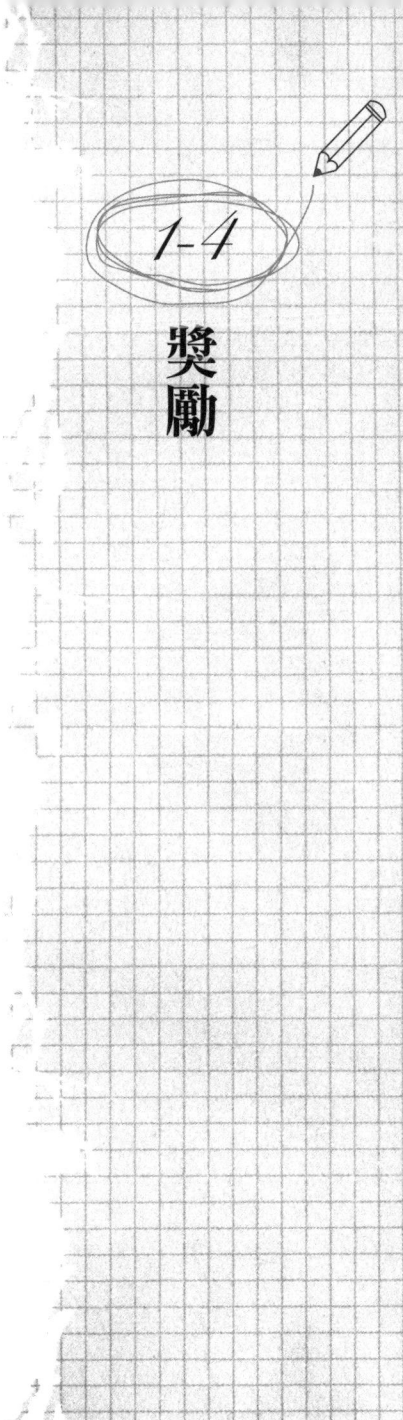

嚴禁對「因為開心而做的事」給予獎勵！

首先，讓我們先來看看史丹佛大學的心理學家馬克・萊柏（Mark R. Lepper）博士等人曾做過的知名實驗吧。一九七三年，列帕博士等人於某間幼稚園，針對喜歡畫畫的孩子給予獎勵，並觀察此實驗會引發什麼變化。

首先，他們將喜歡畫畫的幼稚園生分為三組。博士們對著A組的孩子說：「畫得好的小朋友可以獲得『優良表現獎』。」並拿出精美的獎狀讓孩子們看，等孩子們畫完後便頒發獎狀給他們。而B組的孩子們在畫圖時並未事先被告知有獎狀，等他們畫完後才拿到獎狀。至於C組的孩子們，不但在畫圖之前並未被告知會頒發獎狀，畫完之後也沒拿獎狀給他們。

接下來，實驗便正式開始了。之後一、兩週，在幼稚園的自由活動時間，博士們在教室裡擺設了繪畫所需的工具。這些原本就喜歡畫圖的幼稚園生，理當在自由活動時跑去畫畫，但事實上，分組實驗的三組中，卻有一組在自由活動時用於畫圖的時間與其他兩組不一樣。你認為，是哪一組的繪畫時間出現了變化呢？

在畫完圖後收到獎狀的B組與畫完也沒拿到獎狀的C組，這兩組的幼稚園生依舊在自由活動時開心地畫著圖，他們花在畫圖上的時間約佔了自由活動時間的17.8％。

但一開始就知道可獲得獎狀、畫完後也的確拿到獎狀的A組小朋友，能真正開心畫畫的時間大約只有其他兩組的一半。沒想到，**獲得獎勵這件事，竟然減少了他們原本對畫畫的興趣[1]。類似的實驗結果層出不窮。對於那些並非被視作努力目標，而只是單純「因為開心而做」的事物，給予獎勵反而會讓原本可得的樂趣蕩然無存。**

平時，幼稚園並不會硬性規定孩子們要不要畫畫。在許多不同的遊戲中，「自己決定」去畫畫的孩子，總能興高采烈地畫著圖。這些幼稚園生並不是為了什麼目標而去畫圖，單純只是因為這麼做開心而已。

但對那些知道可獲得「優良表現獎」的幼稚園生來說，因為獎狀看起來太吸引人，讓他們潛意識中開始覺得為了拿到「優良表現獎」一定要動筆畫畫才行。換句話說，原本「自己決定」要畫畫的自由被剝奪了，讓他們對畫圖不再抱著興奮的心情。

無論何時，獎勵總是魅力無窮。正因如此，針對孩子原本便喜歡的事物給予獎勵，反而會消磨掉他們原本開心興奮的情緒。此現象亦被稱之為「惡化效果」（undermining effect）。

沒拿到原本可得到的獎勵，即使成功也會不開心

以下是日本研究學者的實驗。玉川大學的松元健二教授，為了研究獎勵對腦部運作的影響，因而以「碼表測試」為遊戲來進行觀察。這裡所謂的碼表測試是指，將自動運作的碼表在五秒鐘按停，誤差只要上下零點五秒內便成功。或許你也曾經用碼表玩過這個遊戲。這遊戲可能很容易上癮喔。即使失敗，也很能炒熱氣氛。

松元教授等人先表示：「成功的話就可以得到兩百日圓」，然後再讓參加者接受測試。之後再告訴參加者：「等等的遊戲沒有獎金囉。」接著便繼續進行遊戲。簡而言之，就是原本可以拿到的獎勵被取消了。之後，得出了非常有趣的結果。剛開始被告知「成功就可拿到兩百日圓」時，一旦成功，腦部的「紋狀體」，在「成功了！」的時候，運作得非常活躍的部分，卻在獎勵被取消後，無論成功或失敗都沒有展現出太多差異❷。

也就是說，無論成功或失敗，都只剩下「喔，就這樣喔。」的感覺而已。由此，我們可以非常清楚地瞭解到，**原有的獎勵被拿掉後，原本的樂趣也就跟著消失了。一旦感受不到樂趣，「為什麼會這樣呢？」這類從成功或失敗中學習的欲望也會跟著降低，實在是太可惜了。**

如果要給出獎勵，要以對方想像不到的方式

話雖這麼說，但看見孩子這麼拚命地努力時，還是想給他們一些獎勵吧。這種時候，就給他們一些驚喜吧。

實際上，松原教授還進行了另一個實驗。讓參加者在不知道有獎勵的情形下參與，等遊戲結束後再突然當作驚喜給出兩百日圓。即使知道之後的遊戲並沒有獎勵，但我們可以從參加者腦部的運作發現，他們依舊會為了成功達成遊戲而感到開心。

換句話說，**以驚喜的方式給出獎勵，並不會造成負面預期效應**。在前述馬克・萊柏的繪畫實驗中也發現，無預期會獲得獎勵的幼稚園生，之後也能毫不受影響地繼續享受繪畫的樂趣。這兩者的結果可說相互呼應。

給予獎勵或抹煞想像力

你在孩子們展現出一般人無法想像的有趣想法時，不會覺得很欣喜嗎？你也希望自己能把孩子養育成擁有許多有趣點子的大人吧？無論學習或其他方面，不會過度拘泥於正確答案，才能擁有接受天馬行空想法的心態。

但，如果因為獎勵而失去了「自行決定」的自由，卻會損害想像力的發揮。

在紐約大學的心理學家山姆・格盧克伯格（Sam Glucksberg）博士的實驗中，充分證明了這一個論點。首先，讓受試的大學生觀看一幅圖畫，畫裡有一根蠟燭、火柴和一盒圖釘。接著詢問受試者：「將蠟燭固定在牆壁上，然後點火。但，不能讓滴下來的蠟滴到下方的桌子。」

你會怎麼來解開這個問題呢？

此問題的解答為，將圖釘從盒子裡拿出來，將蠟燭放在盒子裡，再將盒子用圖釘固定在牆上。但，大部分的人都只把放著圖釘的盒子視為「圖釘的收納盒」，因此完全沒注意到「這個盒子也可以用啊！」總之，要解開這個問題，需要花費一些想像力。

在實驗中，將受測的大學生分成兩組來解開這個問題。受測時，對其中一組說：「我們想知道大家平均花了多少時間才能解開這個問題。」對另一組則說：「解答時間在前25%的人，可以得到五美元，最快解答出來的可以得到二十美元。」以平均值而言，你覺得哪一組比較快解出問題呢？

結果，雖然解開了問題，沒有獎勵的那組平均花了七分鐘，而可獲得獎勵的一組平均花了十分鐘半[3]。由此可知，給予獎勵，反而會阻礙新穎的想法。

能提出新穎的想法，即使失敗了、即使進行得不順利，也會思考「為什麼會這樣？」

然後從失敗中學習。「失敗為成功之母」，常聽到這句話吧？但另一方面，一旦有獎勵，**失敗後便無法從中學習，而只想著怎樣能更輕易地以最短的距離抵達目標。**

吸引孩子產生興趣，勝過處罰感到無聊的孩子

以前面提到的蠟燭實驗為基礎，將圖釘從盒子拿出來後進行了相同的實驗。也就是讓受測對象看了一張有著「蠟燭、火柴、盒子、圖釘」的圖畫，接著提問：「請將蠟燭固定在牆上，但融化的蠟不可以滴到桌子。」可獲得獎勵的那組，一下子就解開了問題。將圖釘從盒子裡拿出來後，這個問題就變得相當簡單了。根本不需要什麼想像力。

但，這只是單純因為他們想快點把問題解決而已。他們並沒有特別想去解開問題，只是因為「如果快點解開就能快點拿到獎勵」罷了。這種想法，似乎也合情合理。

例如，「你讀完一本書就會有獎勵喔。」「寫完一張考卷就有獎勵喔。」等，雖然並沒有什麼幹勁，**可是一旦養成了只要遵守指令就能獲得獎勵的習慣，就會變成所謂的「等待指示的人」。的確，比起什麼都不做，這樣似乎好一些，但卻無法培育出重要的「想像力」**。

培育出的孩子只會被人說：「那個人好像是出自某某大學的，但他只會做人家交代的

事。」這麼一來可就太可憐了。

如果孩子因為「感到無聊所以就不想做了」，請不要刻意用獎勵來引誘他們，父母們反而應該仔細想想，要怎麼做才能「讓孩子覺得有趣」。可千萬不要對孩子說：「如果你一個人把這本繪本看完，就給你巧克力喔。」之類的話啊。

1-5 父親的重要角色

父親與母親一樣重要

為了磨練孩子的學識、培養社交性與自我效能感，**父親與母親各自擁有不同的角色。**雖然由於家族的構成，並非一定必須如此，但基本上，父職與母職一樣重要。

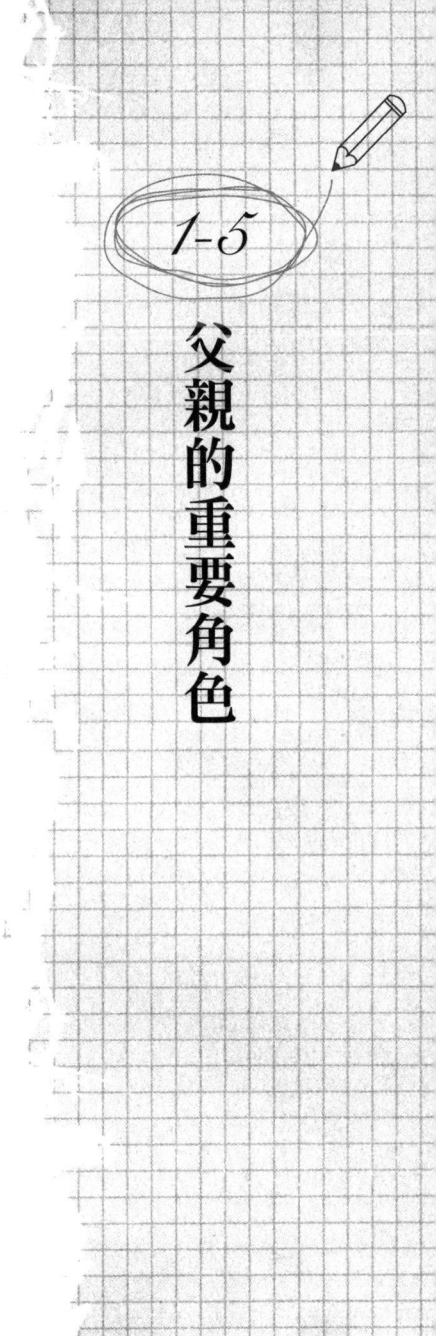

之所以如此，是因為孩子是出自於母親的身體。就如同父親不可能替代母親懷孕生子一樣，彼此所具備的功能也是無法相互取代的。

根據日本內閣府於二〇一六年所所發表的資料，擁有六歲以下孩子的家庭中，母親與孩子的遊戲時間平均為三小時四十五分鐘，父親則為四十九分鐘。然而，二〇〇六年時，父親陪伴孩子的遊戲時間平均為三十三分鐘，代表在這十年內，雖然時間成長了約1.5倍，但還是只有母親的五分之一。

然而，父親與母親的角色重要性，與時間長短並無關聯。**即使時間很短，只要父親能充分做到自己的角色，孩子在學識上的基礎便可打下穩固的基礎。**那麼，在認識父親為了培育出聰明孩子而需扮演的角色前，首先來看一下近日關於父母關係對孩子影響的研究吧。

父母吵架會讓孩子變笨

這是個很有名的研究。根據劍橋大學的尼可拉斯．華樂斯（Nicholas D. Walsh）教授的報告，幼兒期時常看見父母吵架，會讓幼童小腦的灰質（神經膠質細胞密集聚集的部分）大量減少❶。小腦不但比大腦小上許多，也比大腦聚集了更多的神經膠質細胞。而小腦負責的正是關於技術方面的學習能力。

此外，**小腦灰質減少，據說可能與情緒障礙、感覺統合失調、自閉症等疾病之發作有關。許多研究報告都指出，父母吵架會為孩童的腦部帶來不好的影響。**甚至有報告指出，父母吵架會為孩童帶來非常嚴重的創傷。因為腦部會拒絕聽到或看到那些不想聽或不想看的東西，進而對腦部發展形成阻礙。

因此我們瞭解到，爸爸、媽媽相處和樂，對孩子的腦部發展影響甚鉅。接著，讓我們從精神面來討論一下孩子與父母之間的關係吧。

父親是孩子出生後遇見的第一個「外人」

人類的母親，在自己的身體內孕育著嬰孩。換句話說，母親與嬰孩曾共有一個身體。這樣的狀態持續近一年後，嬰孩才會誕生。而後，才分離為兩個個體。但，英國的小兒精神科醫師唐納德．威尼科特（Donald Winnicott）表示，人類的嬰孩在出生後，在精神上仍然與母親間存在著連結。嬰孩並不會認為自己與母親是不同的兩個人。

而在成長的過程中，孩童才漸漸開始注意到其他人的存在。但幼兒期與母親的聯繫，將一直存在於他們的內心深處。另一方面，他們與父親的關係並非如此。剛開始，父親只是另外一個人。**所以對嬰孩而言，父親是他們誕生後所遇見的第一個外人。**

母親＝自己。

父親＝別人。

換句話說，母親與父親之間的關係，將被視為孩童自己與其他人關係的典型。這些事情並非經由言語來教導，而是孩子自己透過親身經驗所習得。對孩子來說，這樣的關係將變得理所當然。

因此，孩童與社會之間的關係能否呈現理想狀態，與父母相互間的關係息息相關。因為，**孩童會從父母相處的關係中，學會與其他人相處的基本模式。如果孩童能在成長過程中目睹父母間的相互體諒，他們將來與其他人相處時自然也會展露體貼**。相反的，若從小目睹父母間不在意對方、相敬如「冰」的關係，他們往後與其他人相處時，當然也會展現出一樣的態度。

為人父母，平時就要意識到孩子把自己視為示範對象，「希望能養出怎樣的孩子」就必須要以那樣的方式來展露自己的行為舉止。

父母若能彼此尊重，能幫助培育孩子的社交性

家庭，是孩子第一個參與的社會。因此在這個家庭中，父母必須給予彼此應有的尊重。正因為「母親＝自己」、「父親＝別人」，所以這份家庭內的尊重，能培育出孩子應給予他人尊重的態度，並藉此可培育出他們的社交性。

日本國立精神與神經研究中心的菅原真澄博士，在神奈川縣某市的婦產科訪問了

一千三百六十位媽媽，並持續了十一年的追蹤研究。他發現到，母親若能對父親展現出信任，孩子較不會出現偏差行為❷。

也就是說，如果母親能信任父親，孩子便會尊重父親，進而培育出遵守秩序的態度。相反的，在母親不尊重父親的家庭中所養育出的孩子，很容易出現在學校不聽老師的話，從事運動時不尊重教練或裁判，也不肯學習兄姐教給他們的東西等等偏差行為。

母親負責培育自我肯定感，父親負責培育責任感

由於「母親＝自己」，因此與母親的關係將成為孩童自我肯定的基礎。喜歡自己、認為自己辦得到、覺得自己可以更上層樓等觀念，都來自於與母親的關係。而這些都是與自我有關的觀念。

另一方面，因為「父親＝別人」，所以父親與孩子間的關係，將成為孩子面對社會的基本態度。**生而為人，若能從父親那裡獲得認同，將讓孩子感到喜悅，進而培育出正面的思考方式、積極性、主體性等，這些能健全面對他人的態度。而以這些自由的行為為基礎，還能進一步培育出他們的責任感。**

總之，與孩童心意相連的母親若能展現出對父親的敬意，孩子自然也會尊敬父親。

之後，由於父親也對自己展現出尊重，便能讓孩童藉此獲得自信，培育出對社會敞開心房的開朗人格。

父親為什麼需要建立權威

日本女子大學的心理學家林　道義教授在出版的《重拾父性》一書中寫到：「父親必須有威嚴。因為，**能讓孩子擁有強烈的上進心，而且被孩子當作自我提升的最初楷模便是他們——『第一個外人』**」。因此，**父親越能建立適當的權威，孩子的上進心便會越強**。

當然，母親必須在私下多誇讚一下父親才行。多說說「爸爸好厲害喔！」之類的話，可成功刺激孩子的上進心。相反的，若孩子常聽到媽媽說：「別成為像你爸那樣的人喔。」之類的話，便會覺得應該很了不起的父親卻一點都不起眼，讓他們對父親的期待值無法獲得滿足。如此一來，他們將成為沒有上進心，也不努力的孩子。因為他們對所有事物真誠以待且努力向上的態度，必須以父親的人格為基礎來培育。

因此，有位有威嚴的父親，才能幫助孩子培育出得體的行為舉措。正義、道德、文化等，把這些理所當然的價值觀不由分說地灌輸給孩子，自古以來在日本就是威嚴父親的職責。母親的職責則是遵循這些價值觀，以言語細心地修正他們的日常行為。

與孩子一起去露營吧

馬里蘭大學的娜塔莎・卡布雷拉（Natasha J. Cabrera）博士等人，調查了一千六百八十五位二到三歲的孩童與二千一百一十五位幼稚園小班學生（相當於日本的四歲孩童）後，發現當中與父親關係密切的孩童，在認知能力與語言能力方面發展較好，情緒方面也較為安定❸。

還有些其他的研究也分析了許多過往關於兒童與父親間關係的研究報告，得出的結論是——會與父親歡快遊玩的孩童，在遇到新的經驗時會較有意願挑戰，也較容易獲得成功❹。

對孩子而言，母親是安定與安心的象徵，而父親代表的則是冒險、非尋常的象徵。與母親遊玩和與父親遊玩，為孩子帶來的興奮感受是截然不同的。正因如此，孩童與父親從事較具動能的遊戲時，便能一併培育出孩子對事物的挑戰心與面對障礙時的求勝心。

爸爸們，請以孩子為中心，帶他們到戶外遊玩吧。帶孩子去露營、釣魚或烤肉，還是去滑雪或浮潛，讓他們多在自然環境中體驗各種冒險吧。

1-6 言語交流

一直對孩子說：「你是個會遵守時間的孩子。」他們就真的會成為那樣的人

家長若能以正確的方式來理解孩子的心理狀態，將影響他們的一生。接下來，我想請各位來試一下針對家長所準備的「爸爸、媽媽專屬心理測驗」。

面對總是很任性的孩子，無論你或幼稚園的老師都絞盡腦汁。每天晚上，當你對著孩子說：「已經七點了，該洗澡囉。」準備帶孩子去洗澡時，孩子卻照舊任性地回答：「不要！」三十分鐘後，好說歹說孩子終於不情不願地被你帶到浴室去。

「實在是煩死了！」

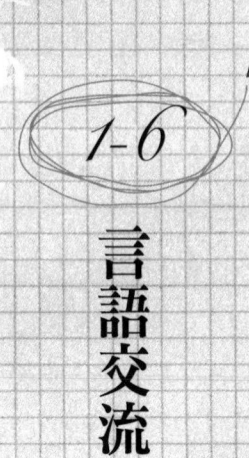

請問，你最後應該對孩子說的一句話是？

A：「你總是這樣子，讓媽媽（爸爸）和老師很傷腦筋。下次一定要準時喔。」

B：「你每次都很準時，幫了我很大的忙喔，謝謝你。」

你會說哪一句呢？

在思考這個問題時，必須先考慮孩子會有的三種心理狀態。

第一，**「孩子不擅長於『後設認知』」**。能理解自己的能力稱之為「後設認知」，據說，後設認知的能力要到小學三年級後會開始突飛猛進。因此，孩子對於自己到底任不任性這件事，通常沒什麼覺知。

第二，**「家長給予的評價＝孩子對自己的評價。」**由於孩子並不清楚自己的能力，因此會把家長對他們說的話，直接當成他們的「自我評價」。而這些「自我評價」，通常會跟著他們一輩子。

此外，根據經常用於治療憂鬱症等多種精神疾病，並獲得相當成效的認知行為療法，發現了主要起始於幼兒期的負面自我評價的成因。

在認知行為療法領域執牛耳的牛津大學博士梅蘭妮・芬內爾（Melanie Fennell）表示：「人在成長的過程中，會將對自己來說很重要的人所說的話內化。總之，我們現今對自己的見解與看法，多半直接反映出我們在幼年時期由他人傳遞的訊息中所獲取的感受❶。」

第三，**「人會依著別人給予的評價來採取行動。」**大人們會有「這麼做才像自己」的自我認知，然後配合著這樣的認知來採取行動，以維持他們的自我認知。雖然大人們可能是有意識地這麼做，但孩子們則是在完全沒意識到的情形下依自我認知來採取行動❶。

換句話說，若家長對孩子說：「你很任性。」孩子們便會相信「自己很任性」，接著便以「任性」的方式來採取行動。如果所有人都說他們「很任性」，孩子們就會加深「自己很任性」的自我認知。

當然，當孩子說：「我不要洗澡！」的時候，不好好訓斥也不行。但等到最後進到浴室時，無論之前經歷幾番苦戰，在孩子確實做到該做的事時，請笑著跟他們說：「你一直都是個守時的孩子呢。」（不過如果說話的方式很刻意的話，可就沒效果囉。）

如此一來，孩子便會產生「自己是守時的孩子」這樣的自我認知。

由於孩子不擅長於後設認知，所以他們並不會有「我不是這樣吧？」的想法。因為，他們現在的確在浴室呀。下一次當聽到家長說：「七點了，該洗澡囉。」的時候，他們便會啟動「自己是個守時的孩子」的自我認知，應該會比昨天更早一點到浴室去。重複個幾次後，當你察覺到時，孩子已經成為名符其實的「守時的孩子」了。

當場糾正孩子的負面行為＋每天以正面的態度與他們說話

若想養育出對朋友溫柔體貼的孩子，當他們使壞時要當場糾正，在平時的生活中則需找尋他們有哪些不起眼的溫柔特質，並重複對著他們說：「你總是這麼體貼，謝謝你。」一如此一來，孩子們便會產生「自己是體貼的孩子」的自我認知，接著的行事作風便會更加溫柔體貼。絕對不可以對他們說：「你老是對朋友們使壞，讓大家都很難過。」

若想養育出能善加表達自己意見的孩子，當他們畏畏縮縮的時候請給予他們支持。若他們好不容易說出了自己的意見，在他們還因此而興奮的時候快跟他們說：「你總是能好好表達自己的意見，太厲害了！」無論他們的意見有多麼不成熟都沒關係。

若想養育出數學很厲害的孩子，時常對他們說：「數學已經難不倒你了！」讓他們好好開心一番吧。

言語的力量絕非空穴來風

不是只有孩子會因為別人說的話而改變行為，大人也會。

紐約大學約翰・巴奇（John A. Bargh）博士進行了一個實驗，他叫大學生以幾個特定的語詞來寫出一篇作文。實驗分成兩個組別，一組必須使用「強迫」、「使人困擾」、「打擾」這些負面的語詞，另一組則使用「尊敬」、「感謝」、「恭敬有禮」等正面的字眼。

文章完成後，交代他們還必須與實驗負責人談談。而這時，負責人卻剛好在跟另一位學生說話，因此忙得沒時間搭理他們。（負責人與學生都是刻意安排的）

此時，使用負面字眼寫作的人，多數都以具攻擊性的態度直接插嘴說：「你現在有空嗎？」

但以正面字眼寫作的人，則多數都以「好啊，我在旁邊等一下沒問題。」的態度悠哉地等候著❷。這樣的反應稱之為「促發效應」。代表言語的確擁有影響人心的力量。

因此，若能每天多寫下快樂、開心、幸福等正面的字眼或把它們掛在嘴邊，透過促發效應，孩子們也能因此擁有越來越溫柔的笑容。

此外，**若多跟孩子說些溫柔的話語，會讓孩子擁有正面的自我認知，因此正面的作為也會隨著增多，幸福便會自然而然降臨。如此一來，他們也會說出更多正面的話語。這可說是種正面話語的螺旋呢。**

每天，多說些正面的話語，讓自己被幸福包圍吧！

人類所有的煩惱，都與人際關係有關

至此，我們的解說都是在說明家長應該對孩子說什麼話比較好。孩子自身所使用的語詞，對他們在幼稚園、學校或社會上能否順利也至關重要。

因此，接下來我們將探討一下孩子該使用怎樣的詞彙為佳。

人們應該怎麼做才能理解其他人的心呢？「心智理論」時常被納入發展心理學、靈長類的生態學、自閉症等研究，這數十年來也成為了相當重要的研究標的之一。

孩子在幼年時只需要與朋友和玩具相處，在此過程中，孩子學會向朋友說「請」，吵架了也會和好，透過這些相處逐漸理解其他人的心裡、產生共感，並學會妥協。

因心理學家岸見一郎所著的《被討厭的勇氣》（究竟出版社出版）而突然聲名大噪的阿德勒心理學創造者阿爾弗雷德．阿德勒（Alfred Adler）曾說過：「**人類所有的煩惱都與人際關係有關。**」例如，希望自己漂漂亮亮的，是因為希望其他人能多看自己幾眼；想要有錢，是因為與其他人交際必須有金錢開銷。（如果這世上只有自己一個人，所有的一切都是自己的，當然就不需要錢了。）

希望能養出聰明的孩子，是因為希望孩子將來在社會中能過著被許多人包圍的幸福生活，沒錯吧？因此，能理解其他人心理的能力，正是讓人類能過著幸福人生的重要能

力。

為瞭解上述如此精彩的「心智理論」，至今仍有許多研究者前仆後繼地研究著，但因為很難輕易解釋，目前尚未有結論。但，許多觀點開始漸漸豁然開朗。

試著讓六歲的孩子培養同理心

話說回來，我們是怎麼研究「心智理論」的呢？我們就來介紹一下，由劍橋大學的自閉症研究學者西蒙．拜倫．科恩（Simon Baron-Cohen）所提出，被稱為「莎莉與小安測驗」的著名的實驗吧。實驗過程如下：

- 莎莉把彈珠丟進籃子後走出房間
- 在沒有莎莉的房間內，小安把彈珠從籃子裡拿出來放到箱子中
- 莎莉回到房間內
- 為了尋找彈珠，莎莉會去哪裡找

聽到前面敘述的孩子，都知道彈珠不在籃子而在箱子裡。但我們要觀察的關鍵是，他們能否理解尚不知情的莎莉當下的心理狀態。我們發現到，會回答籃子的，多半是四歲左右的孩子[3]。

理解其他人心理的能力，起始於單純的欲求，並朝向看透對方的本意這類複雜的方向前進，一步步逐漸成長。例如，三歲的孩子也能理解每個人喜歡的東西都不一樣。但另一方面，他們卻很難理解其他人的行為為什麼會與他們實際的心理狀態不同。例如，被大家欺負後，看起來很堅強但實際上卻很難過這種事，五歲的孩子大概只有一成，六歲的孩子則大概有一半可以理解❹。

理解對方的心理狀態、搞清楚對方在想什麼，該怎麼應對才是正確的，的確很難。因此，即使孩子遲遲無法讀懂對方的心理，也千萬不要焦躁。很多時候，對大人來說也非易事。只要孩子能配合他們的年齡，作出相應的回應就可以了。

1-7 為了培育出喜歡科學的孩子

立刻回答孩子的疑問，其實是錯誤的應對

大約兩、三歲時，孩子會開始動不動就問「為什麼？」也就是來到了所謂的「好奇寶寶」時期。這時，熱衷於教育的家長會立刻說：「等一下！」接著便開始想教授孩子相關的科學知識。為什麼天空與海洋是藍色的？為什麼會滿潮？風是怎麼形成的？滿腔熱血地向年幼的孩子解說。

但，給我等一下！

我長年從事與化學有關的工作，每天都與實驗為伍的日子，包含學生時代在內，大

概有二十年左右的時間。那樣的生活，我非常樂在其中。我非常喜歡科學。因為當我自己找出答案時，那感覺真是太痛快了。在尋找答案的過程中，「不是這樣」、「也不是那樣」的種種思考過程，是我有過最開心的體驗了。

正因如此，如果有其他人直接告訴我「答案是○○」，那就一點都不好玩了。自己尋找答案，自己發現答案，正是科學的樂趣所在。

當然，兩、三歲孩子的想法對大人來說毫無章法，也幾乎都是錯的。況且對他們來說，要想像目前沒見過的東西，實在太難了，因此很難去理解事情進行的正確機制。

即使如此，比起叫孩子將大人所教的答案背起來，即使答錯都沒關係，若能讓他們自己去感受想像、思考所帶來的樂趣更加重要一百倍！數年之後，當孩子在書中讀到或自己想通「原來如此！」時，那個瞬間將讓他們感動欣喜無比。**為了不剝奪這些樂趣，為了讓他們理解科學的有趣之處，當孩子問你「為什麼？」時，請不要輕易給予他們正確的答案。**

當孩子詢問「為什麼？」時最棒的回答方式

那麼，當孩子詢問「為什麼？」的時候，以「為什麼呢？真是不可思議。」的回答方式，能讓你體驗到與孩子一起讓想像力無限延伸的樂趣。

這時候，有個重點。上小學前的孩子，對於看不到的東西所具備的想像力，其實並不如大人以為的突出，而且，他們也並不覺得有趣。相較之下，他們對於眼前的東西反而更有興趣。因此，例如孩子問到：「為什麼火車可以跑得這麼快？」時，如果回答「因為電力之類啊」這些「看不到的東西」，會讓孩子覺得興趣缺缺。

這時候，不如回答「速度很快感覺起來很過癮吧？」或「很遠的外婆家一下就會到了耶！」**將當下感覺得到的事物與「擺在眼前的結果」相結合，能讓孩子更加興致勃勃。如此一來，孩子想像力會更加勃發，也會因為覺得自己發現到了很棒的事情而大感滿足。**

小時候，比起傳授知識，讓孩子感受到「聊了很多很棒的事！」的滿足感更加重要，會讓他們因此不斷地提出「為什麼？」。如此一來，他們有許多的「為什麼？」需要思考，便能漸漸將「原因與結果」連結成迴路。

如果孩子能說出滿有邏輯的答案，請對他說：「太有趣了！或許真的是這樣喔。」讓他們稍稍得意一下。耐心等待孩子有天能靠自己發現事實，我誠心認為才是培育出愛好科學的孩子的不二法門。

廚房正是最棒的科學實驗室

別只是等孩子提出「為什麼？」，不妨帶著孩子一起體驗許多不同的實驗，帶領他們提出「為什麼？」的疑問。但，要做什麼實驗才好呢？乾冰？做史萊姆？還是巨大的肥皂泡？類似的點子可能一下就用光了。而且，可能也不能重複進行。

不用那麼絞盡腦汁地準備也沒關係，**因為每個家庭都有個最棒的實驗室。那就是——廚房**。對孩子來說，廚房是個不可思議的場所。而且對父母來說，廚房原本就是個熟悉的地盤。為了培育出聰明的孩子，教他們家長自己喜歡且擅長的事物是最棒的捷徑。

將乾燥的麵粉與水、雞蛋等攪拌在一起能製作出美味好吃的銅鑼燒，是因為麵粉中的長鏈分子「蛋白質（麩質與麥膠蛋白）」吸收了水分後變成具網狀的筋性。以攝氏一百度煎烤後，被網狀的筋性包覆的水分被蒸發，便成為了較密實的海綿狀。

另外，比起冷水，熱水更容易融化砂糖，以不同的方向磨蘿蔔泥，辣度也會不一樣，油膩膩的碗盤可以用洗碗精清洗得乾乾淨淨。**這些對大人來說理所當然但背後卻隱藏著不可思議的事，不妨與孩子一起盡情體驗吧。**

在廚房還能精進算數

分配食材，能讓孩子輕鬆培養數字的概念；使用量匙、量杯、磅秤等來秤取食材，可讓孩子培養對重量的概念。在廚房中，也有許多與算術有關的概念喔。

切青椒時，從不同的方向下刀切口會不一樣；切四季豆時怎麼才能切成五等份，這些事情不但有趣，還能培養孩子對圖形的概念。

此外，在廚房中可以大量使用手指，培養協調性，過程中也能與孩子們談論飲食文化。此外，自己料理不喜歡的食材，或許還能提升菜餚的美味？當然，比起媽媽一個人下廚，可能會多花十倍以上的時間，但偶爾有空時，不妨帶著孩子一起下廚吧。

1-8 控制家長情緒的魔法

對孩子怒言相向，會傷害孩子的腦部

在本章節中，我們將談談如何控制家長的情緒，並培育孩子的才智。在國內外的研究中，**時常見到因虐待等壓力造成孩子大腦損傷的案例**，因此，我們先來談談這一點。

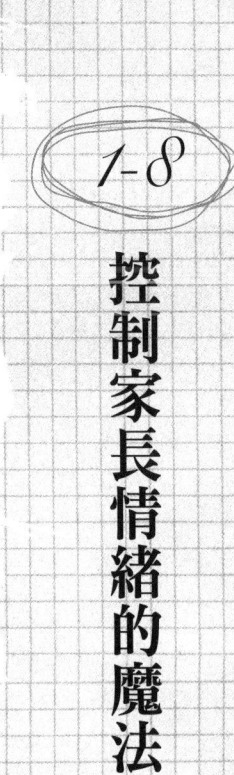

例如，福井大學的友田明美教授與哈佛大學共同的研究指出，時常被怒言相向的孩子，腦部中的「聽覺皮質」會變大，甚至變形❶。

幼兒期曾陷入怒言攻擊的孩子，腦部的發展會失控，會變成像草叢一般雜亂無章。

此外，孩子也會因為大人的怒言相向出現聽覺障礙，甚至連智力與理解力的發展都會出現遲緩的現象。

更糟的是，根據愛知幼兒保健醫療綜合中心的調查，可發現在同一間中心的孩子與因受虐而來專科就診的孩子中，出現了廣泛性發展障礙（29.1%）、注意力不足過動症（15.7%）、智能障礙（8.6%）、反應性依戀障礙（40.8%）、解離性障礙（47.1%）、PTSD（32.3%）、反抗性偏差障礙（19.6%）、行為障礙（25.3%）❷。

這真的讓人非常心痛。即使沒有走到怒言相向、虐待的地步，這些舉措給予孩子在精神與肉體上的壓力，的確深深傷害到他們的身體與心靈。

發怒其實是可以控制的情緒

「訓斥」與「發怒」完全是兩碼事。**「訓斥」是種冷靜的狀態**。當孩子的行為造成了你或其他人的困擾時，或者當孩子的行為危害到他們自己的安全時，訓斥是種教導並促使他們反省的行為。

但**「發怒」卻不是種冷靜的狀態**。當孩子的行為不符合你的期望時，發怒是種以威嚴壓迫孩子並發洩自己怒氣的行為。因此，對孩子的行為採取「訓斥」是正常的，但「發怒」則並非如此。

即使這麼說，我們還是會忍不住對孩子發脾氣吧。明明不會對朋友或公司的人生氣，面對最珍惜、最疼愛的孩子們，為什麼家長們卻特別容易生氣呢？我們經常聽到父母說，當他們氣過頭時，時常覺得自己「無法壓抑怒氣」。

你應該聽過「憤怒管理」這個名詞吧？最早將憤怒管理引進日本的安藤俊介表示：「讓你生氣的並不是發生的事，而是你自己在事發的當下，選擇以行動來展現你的『怒氣』。」你並非「不得不生氣」，而是自己告訴自己「你該生氣啊！」所以才會發怒。

換句話說，**只要想著「不發怒」就行，代表怒氣明明是自己可以控制的情緒**。因此，接下來我們將告訴你如何瞭解憤怒情緒產生的原因，並學習控制的方式，藉此將孩子的知性打磨得閃亮出眾。

憤怒如同賭博容易上癮

不過，**家長會生氣其實也是很自然的事**。因為家長身上本來就有經年累月的壓力。在養育孩子的過程中，家長們絲毫不得閒，當孩子不肯好好說話或不肯好好聽話時，雖然家長們看起來一派淡然，其實許多潛在的壓力正扎實地累積著。

大腦邊緣系統的杏仁體一旦感知到壓力、不安或身邊的危險，便會釋放出腎上腺素與糖皮質素，讓人處於興奮的狀態中，不但心跳加快，血液中的葡萄糖濃度也會上升，開始蓄積能量。這，就是「怒氣」，讓人開始進入戰鬥狀態。

對動物來說，這是在面對敵人時保護自己的重要機制。對育兒的媽媽更是如此，她們必須提早察覺孩子身邊的危險，才能快速進入戰鬥狀態。因此，媽媽會特別容易生氣，其實也是理所當然。

話雖如此，**發怒這件事與賭博一樣，可是會讓人上癮的。**人們會對賭博上癮，是因為在賭贏的瞬間腦部會分泌大量的多巴胺，讓人處在情緒愉悅的狀態中。

而怒氣爆發的瞬間，也會突然讓人感到一陣爽快，一旦腦部記住了這樣的感覺，便很容易重蹈覆轍。再者，就像賭博時賭注會越下越大一樣，發怒的次數也很容易越來越頻繁。因此，**雖然我們無法不感到憤怒，但如何好好控制它可就至為關鍵。**

同樣的行為有時會讓你生氣，有時卻不會

以下是四組母子的例子。地點在提供育兒支援的協助中心裡，請仔細注意這幾位媽媽採取了怎樣的反應。

A女士與孩子一起來到協助中心。來中心遊玩的小朋友，大家都非常有禮貌，有的

孩子專注於困難的拼圖，有的孩子熟練地堆砌著積木。但A女士的孩子無論玩什麼，都一下子就厭煩了，幾乎沒有什麼專注力，很難安靜下來。

雖然相互比較不太好，但看著四周的孩子，卻能明顯感覺到他們之間的差異。或許因為焦慮，A女士開始有些焦躁。在這樣的氛圍中，A女士的孩子竟然把A女士的包包整個翻倒了。

「你到底在做什麼！」終於，A女士的焦躁爆發了出來，大發脾氣到附近的人紛紛側目。接著是B女士的狀況。B女士也與孩子一起來到協助中心，但附近的孩子全都黏在媽媽身邊磨蹭，只有B女士的孩子一個人大方且積極地四處探索。四周的媽媽們問到：「你是怎麼養出這麼積極的孩子呢？」希望能獲得一些建議。甚至有人說：「無論她做什麼你都不會生氣嗎？」

B女士非常怡然自得且自信滿滿。就在這時候，B女士的孩子突然把包包翻倒了。「噢，小心點喔。」由於不斷聽到一旁的讚美讓她心情很好，還有人說她「不會因為孩子的行為而隨意生氣」，讓B女士對發生的事僅一笑置之。

接著，我們來看看C女士。C女士與孩子一同來到協助中心，看到有位平時很乖巧的孩子把媽媽的包包翻倒了。接著看到孩子把自己包包弄翻的媽媽，只笑著說：「小孩子有精神就是好事！」

看著人家的處理方式，C女士不由得感到「好帥氣喔。」沒過多久，換C女士的孩子弄倒了她的包包。「連你也這樣啊！」此時C女士也與剛剛那位媽媽一樣，輕鬆以對、笑著帶過。

接著是最後一個例子。D女士的孩子把她的包包翻倒了，D女士瞬間雖然看起來快發脾氣，但協助中心中某位甚有威嚴的老師立刻來到他們身邊，以非常有技巧的方式訓斥小朋友。孩子乖巧地聽著老師的話後對D女士說：「媽媽，對不起。」接著開始安靜地撿拾打翻的東西。看著教育者專業的處理方式，讓D女士恢復冷靜。「你這樣媽媽會覺得很傷腦筋，以後小心點喔。」D女士冷靜地對孩子這麼說。

在這四個狀況中，從孩子的角度看來，他們都把媽媽的包包弄翻了。但依據當下媽媽的心理狀態，有的可能勃然大怒、有的可能好好訓斥一番，也有的可能只是一笑置之。總而言之，**憤怒的感覺的確會因為心理狀態而有所變化。**

經過三個步驟，憤怒才開始爆發

接著，我們逐步地來看看之前舉的四個例子吧。

首先，孩子把包包弄翻了。A女士立刻就認為孩子麼做是因為「安靜不下來」。由於

A女士原本就認為「小孩子應該要安安靜靜的」，因此對於不斷轉來轉去、坐立難安的孩子感到焦躁。因此，孩子打翻包包的事件就像扣下板機一樣，讓她的怒氣瞬間爆發。

B女士則將孩子打翻包包的行為解釋為「好奇心旺盛」。由於受到眾人稱讚的B女士原本心情就很好，還有人說她「不會因為孩子的行為而隨意生氣」，因此當孩子真的把包包打翻時，她也只是微笑以對。

C女士與A女士相同，都認為孩子會把包包打翻是因為「安靜不下來」，但因為她認同在孩子打翻包包時回應「小孩子有精神就是好事！」且微笑以對的媽媽，因此C女士便不再認為「小孩子就應該安安靜靜的」。

因此，C女士也能跟著一笑置之。

D女士一樣認為孩子會打翻包包是因為「安靜不下來」。此時，她雖然與A女士一樣認為「小孩子應該要安安靜靜的」，但卻親眼見到不必發怒，好好訓斥孩子更有效。因此，D女士的「冷靜機制」開始運作，取代了原本可能會發作的暴怒。

根據以上的例子我們可以發現，**怒氣爆發的三個階段分別是：**

1. **判斷此行為是否恰當**
2. **與自己認同的行為大相逕庭**
3. **冷靜機制無法啟動**

也就是說，以上三點只要有一點不符合，你就不會生氣了。而能控制這種狀況，就要靠「怒氣控制法」了。

即使很焦躁，請你等三秒

首先我們要先處理的是第三點——如何讓冷靜機制啟動。大腦邊緣系統的杏仁核一旦察覺到壓力，便會瞬間進入興奮的狀態，讓你湧出大量的憤怒情緒。由於這本來是種動物保護自身安危的機制，因此反應會啟動得很快。

另一方面，由於主掌「不可以生氣，要好好說。」這種冷靜思考的機制由前額葉皮質負責，而這個部位要產生反應卻需要稍微花點時間。快則三秒，長則需要六秒。

當感到憤怒就直接反應出來時，由於冷靜機制尚未啟動，便會讓怒氣在不受控的情形下爆發出來。因此，**為了控制自己的怒氣，即使非常焦躁也請你緩個三秒，若有可能甚至等個六秒鐘吧。**

深呼吸能讓你解除焦躁

要實行把怒氣hold住三秒鐘這個方法，最好能先盡可能暫時離開現場。若先生或太太能先幫忙看著孩子，請你先暫時離開，等待你的冷靜機制啟動吧。如果真的不方便離開現場，那麼深呼吸也能有不錯的功效。眾所周知，**深呼吸有減少壓力、減弱負責抑制唾液分泌的交感神經運作等功效，進而幫助放鬆**❸。

所謂的交感神經是在你感到緊張時負責運作的神經。它會讓你心跳加快、血壓升高。因此當你感到焦躁時，交感神經便會相當活躍。

另一方面，與交感神經的關係如同蹺蹺板的副交感神經，則會在你睡覺或悠閒泡澡時變得活躍。而深呼吸便能促進副交感神經的運作，幫助達到放鬆的功效。

孩子什麼都說「不要！」是有原因的

孩子什麼都說「不要！」，真的讓人很煩惱吧。無論怎麼跟他們講道理，依然得到「不要！」這樣的回答，實在讓人很束手無策。事實上，孩子會很愛說「不要」，跟他們的「前額葉皮質」還在發育有相當大的關聯。據說，前額葉皮質要到四歲才會開始明顯成長。因此，在自我開始萌發的兩歲時期，一直到前額葉皮質開始明顯成長的四歲這段時間，便是他們的「不要時期」。

換句話說，**無論是孩子的「不要」，或是家長的「焦躁」，其實都與前額葉皮質沒有完善運作有關**。

請先好好重新思考一下「何謂孩子該有的樣子」

由於上述的原因可知，家長認為「必須這樣」所造成的焦躁，與孩子「不要這樣，我不要！」的反抗情緒，其實事出同源。當孩子說：「不要這樣，我不要！」的時候，無論家長說多少次「有什麼關係？」只會讓孩子不斷重複「我——不——要！」這時，**如果家長覺得自己快發脾氣了，便無法改變控制憤怒的三步驟中的第二項「與自己認同的行為大相逕庭」的想法**。

因此，**在冷靜的時候重新思考「何謂孩子該有的樣子」相當重要**。例如案例中所提到的C女士，若她不曾與認為「小孩子有精神就是好事！」的那位媽媽產生共感，當孩子打翻她的包包時，勢必勃然大怒。**平時就應該多思考一下，自己希望養育出什麼樣的孩子，並養成習慣時常檢視自己為什麼會有這樣或那樣的想法**。

1-9 家長們千萬不可做的事

對知識有無好奇心，對孩子有什麼影響

把自家孩子跟其他孩子相比這件事，其實並沒有多麼不應該。因為感覺有所不同，所以才會想比較一下。然後發現哪個孩子比較「高大」或比較「愛哭」，甚至會發現有的孩子比較「喜歡車子」。

問題在於——替孩子評分這件事。

例如，對自己的孩子說：「那個小朋友比較喜歡車車，所以比較棒。你也要多喜歡車車一點！」

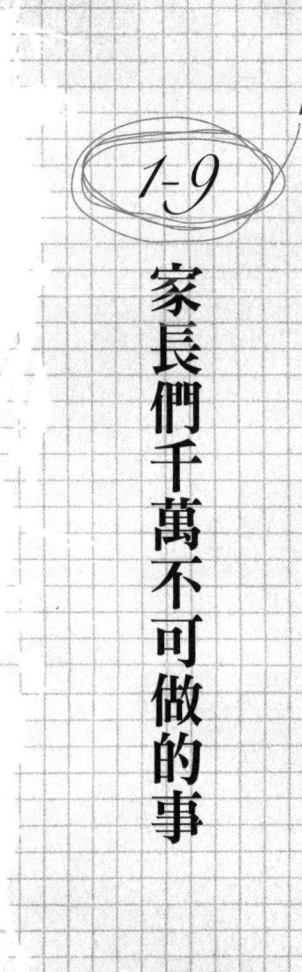

孩子也會因此開始這麼想吧：「怎麼辦？傷腦筋。為什麼我一定要喜歡車車才可以？我不知道車有什麼好的啊？車車的優點是什麼？趕快來找一找、找一找，車車有什麼優點！」

過了一年後，這孩子非常努力地瞭解了許多關於車子的優點。甚至還瞭解了許多車子的種類、學習了車子的構造，只看車子的一小部分便可以知道是什麼牌子的車。沒有任何一個人會懷疑這孩子不喜歡車子。真是太好了！可喜可賀、可喜可賀。

可喜可賀？這樣真的好嗎？**在終於獲得大人的認同後，這孩子現在卻已經對車子再也提不起興趣了。**

另一方面，因為自己喜歡車子而去研究的孩子，由於對車輛相關知識的渴求不斷增加，今後也會持續不斷地學習。為什麼會有這樣的差異呢？

讓家長成為安全基地，不要老愛對孩子評分

美國的心理學家亞伯拉罕．馬斯洛（Abraham Harold Maslow）曾提出，人類的需求可分為五個層次，而需求是根據本能依序產生的，唯有滿足了其中一項需求，才能往下一個層次的需求前進。

馬斯洛將一到四的層次稱為**「填補缺乏的需求」**，而第五個層次則被稱為**「自我實現需求」**。事實上，若未能達到自我實現需求的層次，人類便無法擁有「想瞭解更多！」的念頭。

第一個層次的需求為滿足食慾、睡眠等生理需求。

第二個層次的需求為想被保護、想安全度日等安全需求。當「需要食物」的生理需求未被滿足時，由於只拚命地想活下去，並沒有餘裕想到「有個安全的住居」這樣與安全需求有關的念頭。

第三個層次的需求為「想要交朋友」的社交需求。當前往沒有熟人的新地點時，孩子總會躲到家長身後。因為這時候，孩子感受不到安全，也就是他們對於安全的需求無法獲得滿足，這時候，當然就不會湧起「想交朋友」的想法。當孩子的安全需求無法獲得滿足時，即使從身後推他們一把說：「去啊，去跟大家交朋友。」孩子也會僵站在原地動也不動。

在「1-3 投注關愛的方式」中也曾陳述過，當孩子覺得不安時，依附的行為能為他們帶來安心的感受。這種時候，家長們必須先成為孩子的安全基地，先滿足孩子對安全的需求。如此一來，孩子自然就會萌生出對社交的需求，也會開始想與朋友們一同遊玩。

第四個需求，則是需要獲得認同的尊嚴需求。這個層次的尊嚴需求能否獲得滿足，對能否邁向最後層次的「自我實現滿足」有著相當重要的關聯。

事實上，如果喜歡比較自家孩子跟其他人的孩子誰比較優秀，便會讓孩子的「尊嚴需求」無法獲得滿足。當你忍不住跟其他孩子相比時，很容易把焦點放在我的孩子「還沒做到什麼」，而非關注他們已經做到的事。孩子明明已經很努力了，卻無法被你認同「他們已經達成的成績」，將讓他們無法在獲得尊重的「尊嚴需求」上得到滿足。

在教育的方式上適時放手，讓孩子滿足自我實現需求

如果一開始就不把自己的孩子與其他的孩子比較優劣，會讓孩子的「尊嚴需求」較易獲得滿足，因而湧出讓自己精益求精的自我實現需求。

因此，馬斯洛表示，**第四個層次的「尊嚴需求」與第五個層次的「自我實現需求」有一個關鍵性的不同，「自我實現需求」是獲得越多滿足越會湧出更多欲望的一種需求。**因此，孩子才能不斷成長，並發揮自己的才華。

當把孩子與其他孩子相比較並評斷優劣時，便無法讓孩子湧出實現自我的需求。**請好好接受孩子此刻「渾然天成的模樣」吧。**當小孩子尿在尿布裡時，如果可以換個角度思考，認為這只是代表孩子的注意力比較集中，別被外界影響，急著想「這樣什麼時候

才能戒尿布啊！」在幼兒時期，如果無法跟其他小朋友一起玩、交不到什麼朋友，請告訴自己「他們可以從這些經驗中獲得成長。」而將注意力放在如何撫慰孩子即可。

如果孩子在數字與語言上的理解較差，只要跟三個月前相比，便可以發現孩子其實已經進步很多。只要能在上小學前提高這些能力就好啦！請細讀本書第三、第四章，從今天開始好好與孩子一起準備吧！

第2章

生活習慣

事實上，在沒有玩具可玩的時候，知道該怎麼開心利用時間的小孩，才有能力幸福度過一生。而且，這樣的能力必須在四歲前便培養出來才行。

2-1 睡眠

孩子需要較長的睡眠時間其實其來有自

我們為什麼需要睡眠呢？雖然當中還有許多未解之謎，但可以確定的一個原因是「因為我們有腦」。基本上，沒有腦的生物是不需要睡眠的。**為了整理整頓記憶或掃除腦中不需要的老廢物質等，腦部必須透過睡眠來獲得修復。**

比起大人，幼兒的腦部發育更加活躍，所以他們也需要更多的時間進行修復。因此對他們來說，充足的睡眠相當重要。

若睡眠不足，作為身體的司令塔，負責統整情緒、智力與感性的腦部便會在修復作業尚未完成時，便又開始重新作業。將會導致無法適當控管情緒，而因為「突觸」未獲得適當的整理，記性也會跟著變差，甚至讓孩子連最突出的感性也變得遲鈍。

睡眠不足會讓腦中充滿垃圾

似乎有些人認為，睡眠時間短一些也沒什麼關係。甚至還有人以自己的睡眠時間短而感到驕傲。因為他們認為睡覺的時候什麼也沒做，認為睡覺很浪費時間。

但根據最近的研究，其實我們在睡覺時，腦部正在進行非常重要的作業。而在幼兒的睡眠時間中，腦部所進行的作業更加重要。究竟在睡覺時，我們的腦部在忙些什麼呢？

我們在睡覺時，會重複進行兩種睡眠狀態。其一為快速動眼期。此時僅有眼球在快速地轉動著，身體則呈現放鬆、連翻身都不會的狀態。由於其他多餘的資訊在此時不會進入腦部，使腦部與身體呈現分離的狀態，讓腦部能好好整理一下白天所吸收的資訊。因此這個階段可說是「身體睡眠期」。在快速動眼期，腦部的活動其實比清醒時更加活躍。

另一個則為**非快速動眼期。此種睡眠狀態可稱之為「腦部睡眠期」**。在此階段中，腦波幅度較大、呼吸較緩且深。

因此在這時期中，腦部正在進行大掃除。

腦部原本就是個很活潑的器官。雖然腦部的重量大約只有體重的2%，但使用腦部時所消耗的能量卻佔整體的25%。因此，當然會排出許多老廢物質。就和運動後會出許多汗與垢是一樣的原理。

美國羅徹斯特大學的麥肯·尼德佳德（Maiken Nedergaard）博士等人，透過鼠類實驗發現了這個除垢的大掃除。在非快速動眼期中，腦中的間隙會變寬60%，而被稱為腦脊髓液的透明液體則在間隙中來回流動，快速地清洗老廢物質[1]。此過程能讓人感覺神清氣爽，並準備好之後的記憶整頓工作。

睡眠不足會妨害記憶力與發育

記憶會在睡眠中扎根。雖然對於這個機制，我們還有許多不瞭解的地方，但不被需要的記憶，似乎會在睡眠中被刪除。而會造成這樣的現象，似乎便是因為快速動眼期與非快速動眼期交互來回進行的關係。一旦與人腦中的「突觸」連結，便會產生記憶。而連結點的形狀與大小，便主宰了記憶被留下的方式。

美國威斯康辛大學的路易莎．偉博（Luisa de Vivo）博士等人也透過鼠類實驗發現，在睡眠狀態中，突觸的連接點平均會縮小18％。此外，未與太重要的記憶連結的突觸，甚至會縮得更小[2]。也就是說，不需要的記憶會在睡眠時被消除，以騰出空間儲備新的記憶。

在我們醒著的時候會經歷許多事，而那些經驗都會先與突觸產生連結。但當中會有些連結性貧乏，或不記得也沒關係的事情，甚至有許多忘了比較好的事。因此，在睡著的時候，便有許多記憶需要被消除，或變更為正確的突觸連結方式，或進行將重要記憶與突觸確實連結等工作。

此外，研究者還發現到，在幼兒期的快速動眼期（腦部活躍運作的睡眠期）時間非常長[3]。而非快速動眼期雖可依睡眠深度分為四個階段，但在幼兒期的非快速動眼期睡眠時間中，熟睡階段持續的時間最長。換句話說，幼兒期的睡眠是由很長的快速動眼期與熟睡的非快速動眼期所構成。因此，**幼兒期的腦部非常努力且有效率地幫助腦部修復。**

睡眠中的腦部運作還執行了其他重要的工作。那就是——在腦部正中央的腦下垂體，必須分泌出生長激素。生長激素對於一歲到青春期的骨骼與肌肉發育來說相當重要。例如，骨骼末端會長出軟骨細胞，而當軟骨變成硬骨後，骨頭就會變長，讓身高跟著變高，而軟骨細胞要生長，便需要生長激素。

此外，**釋放出儲存於血液中的糖分，讓糖分轉化為能量，也是生長激素的工作之一。這麼重要的生長激素，一天中分泌最旺盛的時間，便是進入睡眠後的三個小時**❹。

雖然看起來只是靜靜地躺在那，但在睡眠的這段時間中，可是腦部為了我們的發育用盡全力的時候。可知為了培育出聰明的孩子，睡眠可是相當重要的喔。

只是睡覺也能提升運動能力與思維能力

之前我們提過，腦部在睡眠時可幫助我們加強記憶力，但有許多的研究也指出，睡眠還可幫助我們的運動能力。

在介紹這些研究前，我們先以投球為例進行說明吧。

為了能把球投好，我們要先看著目標物，在腦中判斷正確的位置後給出「投到那邊去！」的命令。而為了能命中，我們還必須正確移動我們的手或身體。也就是說，所謂的運動能力一般來說，便是用腦部來理解眼前所見，接著對身體發出命令，並讓身體根據命令做出動作的能力。

接著，關於研究的案例，我們來介紹一下廣島大學的研究。

廣島大學的研究者們，透過「一筆畫描繪圖案」來測量運動能力的高低。不過，並非一般單純的描圖，而是將看到的圖形迴轉九十度後再把圖案畫出來，因此，這個過程的確需要「腦部理解所見之後對身體發出命令，再根據命令來做出動作。」

首先，他們把受測者分為兩組。A組先練習了一下子，等他們很快就能畫出來後，先讓他們好好睡一覺，之後再接受一次測試。B組則在練習後一直保持著清醒，之後再接受一次測試。結果發現，只有中間睡了一覺的A組在繪圖時間上縮短了25％❹。**只是在練習過後睡了一覺，竟然就變得更厲害了**。各位也曾經有過，睡了一覺起來，某件事卻變得更拿手的經驗吧。

再者，我們還發現睡眠也對思維能力有幫助。德國呂貝克大學的烏爾里希．華格納（Ulrich Wagner）博士與尚．波恩（Jean Born）教授等人，以數學問題進行了思維能力的測驗。這個問題有兩個不同的解題方式，一個方式是誰都想得到，但需要花很多時間才解得出答案；但另一個方式雖然不容易想出，卻是個能一下子就把答案解出來的「特殊解題法」。

一大早，開始了第一次的測驗（沒有一個人想到「特殊解題法」），經過白天後，在晚上進行了第二次的解題測驗。而在第二次測驗中想到「特殊解題法」的人佔了全體的20％。

至於另一組則在晚上進行第一次測驗（沒有一個人想到「特殊解題法」），晚上讓他們好好睡一覺，隔天一早再進行第二次測驗。在第二次測驗中受測者中的60％都想出了「特殊解題法」❺。

可見，**睡眠對思維能力也有所幫助**喔。

理想的睡眠時間從晚間七點開始至早上七點之間，至少需睡滿十小時

對於培育出聰明的孩子來說，睡眠到底有多重要，我們已經做了許多解說。那麼，為了達到理想的睡眠狀態，應該注意哪些事呢？

首先便是睡眠的時間。美國國家睡眠基金會從與睡眠有關的論文中推算出來的推薦睡眠時間如下❻：

- 一歲到兩歲：11到14個小時。
- 三歲到五歲：10到13個小時。

跟你家孩子的睡眠時間相比，相差多少呢？

此外，熊本大學的三池輝久教授則表示：「**晚上七點到隔天早上七點之中，最好能睡到十個小時以上。**」

晚上的睡眠是正餐，白天的午睡則是點心。「雖然晚上只睡了八個小時，但幼稚園放

學後會先讓孩子睡兩小時。」這種方式，就和點心吃太多導致正餐吃不下是一樣的。

日本幼兒的睡眠時間，在世界上是出了名的短。為了培育出聰明的孩子，睡眠相當重要，那麼，睡眠的時間當然也很重要囉。雖然因為家長的工作或兄弟姊妹的作息不同、家長的就寢時間等影響，可能讓孩子的睡眠時間跟著變短，**但請盡量讓孩子晚上睡滿十個小時，並以孩子的睡眠時間為主軸來調配自己的生活作息吧**。

若一直維持午睡的習慣，可能對腦部造成不良的影響

根據之前提過的美國國家睡眠基金會的研究指出，會睡午覺的孩子，兩歲的孩子約佔81%，三歲則佔57%，四歲則為26%，五歲則佔15%。

熊本大學的三池教授表示，**四歲之後，最晚五歲前，應該讓孩子戒掉午睡的習慣**。在日本，幼稚園的確已經沒有午睡的習慣了。但大部分的托兒所都還常維持著一個半小時的午睡習慣。他們會強迫讓那些原本就精力旺盛、並不需要午睡的孩子也一律必須睡午覺。結果常常導致孩子們晚上睡不安穩，夜晚的睡眠時間也不夠長。這可說是本末倒置了。

江戶川大學的福田一彥教授表示，托兒所的孩子平時的就寢時間比幼稚園生晚了半

小時以上，此外，與幼稚園生相比，就讀托兒所的孩子早上也比較容易哭鬧。因此，福田教授也表示：「**如果對孩子的發展或生活造成了不好的影響，我們必須思考是否必須推動全面禁止午睡一事才行**[7]。」

若您的孩子就讀的托兒所有午睡的安排，或是明明在外頭玩了很久的孩子，晚上還是睡得不安穩，請思考是否需要與孩子就讀的托兒所好好談談吧★。

能幫助睡眠的光線，與妨礙睡眠的光線

無論多早躺在床上，如果沒辦法快點睡著，勢必會導致睡眠時間不足。理想的睡眠狀態是，孩子鑽進被窩後，一下就發現「啊，已經睡著啦。」才對。那麼，究竟該怎麼培養良好的就寢習慣呢？

地球上的所有生物都擁有「生理時鐘」。以人類來說，我們體內的生理時鐘大約為二十五小時。也就是說，如果生活過得亂無章法，人類的生理時鐘就會一個小時一個小時地向後移動（讓你會在半夜無端清醒過來）。然而，只要白天曬曬太陽，便能調快一個小時，讓生理時鐘恢復到與地球自轉相同的節奏中。這，這可說是種生命的奧秘。

早上，當眼睛感受到陽光後，之後約十四個小時，也就是差不多會開始想睡覺的時

候，身體就會開始製作並分泌被稱之為「褪黑激素」的睡眠荷爾蒙。當褪黑激素開始分泌時，四肢也會開始釋放熱量，讓體溫跟著變低。而體溫降低則會讓人想睡。因此，當孩子非常睏的時候，他們的手摸起來會熱呼呼的。

雖然在睡眠當中會分泌許多褪黑激素，但負責形成褪黑激素的物質（酵素）只有在黑暗的空間中才會工作，因此當眼睛遇見白天的陽光時，便會開始停止分泌褪黑激素，讓身體清醒過來。

換句話說，**白天的陽光，對睡眠習慣與清醒都有幫助**。

此外，由於合成為褪黑激素的物質（酵素）只有在黑暗的空間中才會作用，因此，睡眠前若屋內的燈光太亮，便會妨礙褪黑激素分泌。哈佛大學的傑米·齊特琴（Jamie M Zeitzer）博士在實驗中發現，屋內的光線也會減少褪黑激素分泌。這一點，連進行實驗的專家們都感到相當訝異。在八十勒克斯（國際照度測量單位）以下，褪黑激素似乎還能正常分泌❽。這個亮度大概是覺得「有點暗」，但還不影響一般生活的程度。**為了培養良好的睡眠習慣，請在睡前一個小時就把房間的光線設定為「有點暗」吧**。

編註

★日本的幼稚園是依據日本《學校教育法》設立，屬於學校的一種，托兒所則是依據《兒童福利法》設立，屬於厚生勞動省管轄。

睡前若還看著手機，手機的光線當然也會影響褪黑激素的分泌。根據哈佛大學的安瑪莉（Anne-Marie Chang）博士等人的研究，大學生若在睡前用iPad來看書，與用紙本（一般書籍）看書的學生相比，他們的褪黑激素會大量減少，不但不容易入眠，連快速動眼期的時間都跟著減少⑨。**小孩子當然也是如此。睡前可千萬不要再看手機囉。**

洗澡水的溫度若在四十度以下，會更容易入睡

更厲害的一招便是洗澡水的溫度。之前雖然有「想恢復精神就去洗個熱水澡」這種說法，但也聽過有人說「洗完熱水澡會更容易入睡」。這兩種說法看起來似乎相互矛盾，其實兩者都是正確的。

洗澡水的溫度若在四十二度以上，會讓交感神經變活躍，也就是會出現「恢復精神」的狀態。但若洗澡水是四十度以下的稍低溫度，便會讓副交感神經較為活躍，因而產生放鬆的狀態。此外，為了讓身體能維持適當的體溫，洗完澡後可以讓體溫緩緩下降一些。之前提到，當小孩子的手變熱的時候，代表體溫正在向外散出，會讓他們開始想睡覺，**而洗個四十度以下的溫水澡，也會讓體溫下降，進而產生睡意。**

為了讓孩子能快點入睡，洗澡水的溫度不要高於四十度喔。

不管怎樣都很難調整睡眠的節奏時

為了調整睡眠的節奏做了這個、又做了那個，但卻苦無幫助的時候，建議可嘗試去「兒童睡眠門診」就診。

或許你會想：「需要搞到上醫院嗎？」但若睡眠的質、量或節奏，一直無法正常，等於一直持續著「睡眠不足」的狀態，很可能導致腦部功能出現問題。因為，睡眠可說是腦部功能的守護者。之前提過的熊本大學三池輝久教授也指出，**不規則的睡眠狀態，容易讓小朋友成為拒絕上學的小孩**。

由於現今小朋友間的睡眠障礙並不算少見，因此全國各地的醫院幾乎都設立了「兒童睡眠門診」。請將優良的睡眠品質，當作給孩子的一份禮物吧。

小孩子大約有二分之一的時間都在睡眠中度過。這代表在孩子六歲上小學之前，他們幾乎花了三年的時間在睡覺。現在大家應該都很清楚，這三年的時間怎麼度過，對孩子的腦部發展會帶來什麼樣的影響了吧。

與其說孩子會「一眠大一寸。」不如說睡不好的孩子「情緒、智商與感性都無法好好發育。」為了養出聰明的孩子，請好好教導孩子如何擁有最棒的睡眠品質吧。

2-2 飲食

能培育出聰明孩子的三大重要營養素

對情緒的控制力、注意力，以及身體成長等，都取決於作為人體司令塔的腦部所分泌的荷爾蒙。此外，記憶也取決於腦中突觸間的連結，以及神經傳導物質在突觸受體間的作用。而無論是神經傳導物質或荷爾蒙，都是來自於你攝取的飲食。而所謂的體力，也是由醣類等體內的養分轉化而成的能量。

換句話說，**無論身體、心或人格，孩子的一切都來自於他們的飲食**。也可以說，孩子的身體、體貼的心、聰明的能力，取決於家長們給予他們的食物。例如，有的孩子很愛哭、缺乏專注力，或白天很難爬起來，可能都是種因為營養攝取不足所發出的求救信號。

在腦部快速成長的幼兒期，最需要的養分為蛋白質、熱量、鐵、鋅、銅、碘等，非常多樣❶。當中有些養分可透過一般的日本飲食來充分攝取，但根據厚生勞動省的推估與基準❷，有些養份在一到六歲兒童的平均攝取量中（依據國民普查之結論）卻有所不足。

接著，我們就來談談**對培育聰明孩子至關重要，需多留意攝取的三項養分**：

- 蛋白質
- DHA
- 鐵

除了身體外，蛋白質也能提供內心養分

我們對蛋白質的印象，大概就是它能轉化為肌肉是吧？但，可不只如此喔。**身體成長時不可或缺的生長激素也是種蛋白質。**多巴胺、血清素等負責管控情緒的物質，也需要蛋白質才能形成。**也就是說，對孩子的身體與心靈來說，蛋白質都是非常重要的養分。**為了培育出聰明的孩子，優良的蛋白質是不可或缺的。

蛋白質是由數百個甚至數萬個胺基酸分子連結而成。人類只要攝取了蛋白質，便會在身體內將它分解成胺基酸。然後採用當中需要的胺基酸分子，在體內自行組成需要的蛋白質。

雖然有些胺基酸可利用其他的原料（如澱粉）在體內製作出攝取不足的部分，但在體內無法製造出來的胺基酸仍有十種。這些胺基酸我們稱之為必須胺基酸，它們只能由飲食中攝取。**納豆或豆腐等黃豆食品，不但包含了必需胺基酸，還是能自幼兒期就幫助孩童減少罹病風險的食物。**此外，雖然不及黃豆本身，但在成為黃豆之前就採收的毛豆，或由黃豆做成的豆漿等，也都是優良的蛋白質。

不過，由於幼小孩童的腸胃尚未發育完成，尚未分解成胺基酸的蛋白質無法被腸胃道吸收，容易引起過敏反應。**因此孩子開始攝取蛋白質時，請仔細觀察他們的身體有無出現異狀。**

腦部所需的DHA也能促進血液循環

由於「多吃魚會變聰明」這句流行語，讓DHA（多元不飽和脂肪酸）曾經風光一時。腦中的神經細胞是以電流傳導的方式來傳遞訊息，為了讓這些電流不外露，需要讓能成為絕緣體的脂肪包覆在腦部四周。因此，腦子才會看起來又白又柔軟。但由於腦部的脂肪中包含了大量的ＤＨＡ，因此才會有多攝取ＤＨＡ會變聰明一說。

但，由於之後出現許多「攝取ＤＨＡ並不會提高智商」的論文，讓ＤＨＡ對腦部的影響變得眾說紛紜。但可以確定的是——**ＤＨＡ是組成腦部的重要原料，而幼兒期，正是腦部快速成長的時期。**

此外，ＤＨＡ還有能保持血液流暢並讓細胞維持柔軟的作用。

根據日本厚生勞動省之基準，三到五歲孩童對於ＤＨＡ等n-3脂肪酸的攝取量，男生應為1.3克、女生應為1.1克。而平成二十八年（二〇一六年）一到六歲兒童的平均攝取量為1.23克，只能算勉強過關。即使吃不完一隻魚，吻仔魚、小魚乾貨櫻花蝦等都有很豐富的ＤＨＡ，且當中還含有日本人普遍攝取不足的鈣質呢。

在孩子的小碗裡，別忘了時常撒些吻仔魚、小魚乾或櫻花蝦的香鬆吧。

腦部發育與運作所必須的鐵，可透過綠海苔來攝取

之前提過的平成二十八年的報告中指出，一到六歲兒童的鐵質平均攝取量，推估有八成的兒童都有攝取不足的問題。

以美國賓州州立大學的約翰．比亞托（John Beard）博士為首的研究者發現，**鐵質在腦部的發展與正常運作扮演了重要的角色。**更重要的是，鐵質還能在血液中幫助搬運氧氣。一旦缺鐵，便很容易感到疲勞或頭痛。雖然菠菜含鐵量高眾人皆知，但其實**綠海苔更值得推薦**。小小一杯的綠海苔，就有大半把菠菜的含鐵量。這樣的份量，已經佔了三到五歲孩童一日建議攝取量的三分之一了。

如此一來，即使為了讓孩子攝取足夠的必須養分，也不必做什麼太複雜的料理。只要把吻仔魚放在飯上，搭配撒了綠海苔的豆腐就可以了。再配上一碗孩子喜歡的湯品，就是很豐盛的一餐囉。

2-3 使用電子產品的方式

玩太多電動或智慧型手機，將無法培育出懂得自主學習的孩子

日本內閣府於平成二十九年（二〇一七年）五月發表的「低年齡層孩童網路利用環境現況調查」❶指出，一天使用網路（透過智慧型手機或電玩等）超過兩小時以上的孩童中，兩歲約佔13.1％、五歲約佔19.9％。而使用時沒有大人監督的比例，兩歲約佔54.3％，五歲甚至高達86.7％。大概是因為沒什麼玩具可玩時，家長就會隨手把智慧型手機或電動遊樂機丟給孩子吧。

但事實上，**在沒有玩具可玩的時候，知道該怎麼開心利用時間的小孩，才有能力幸**

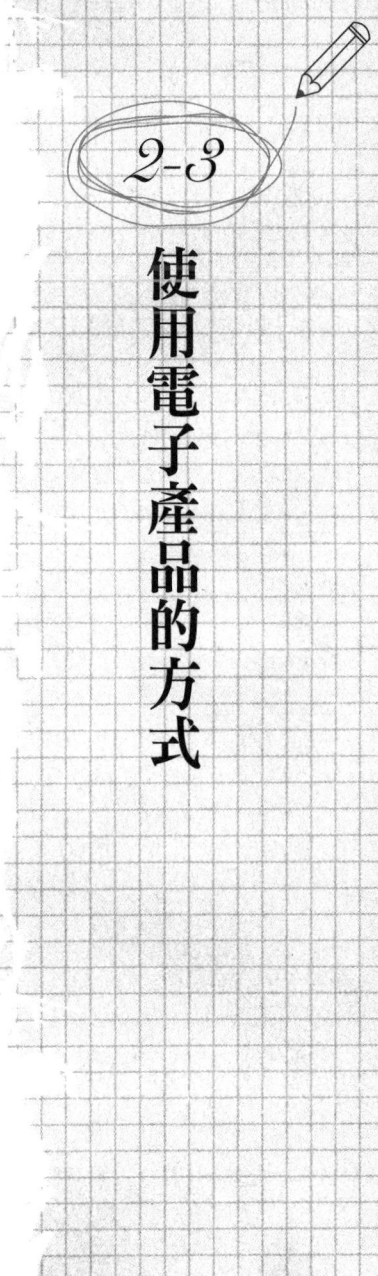

福度過一生。而且，這樣的能力必須在四歲前便培養出來才行。

此外，**若常隨手把智慧型手機或電玩丟給孩子，是無法培育出「自主學習的孩子」**喔。為什麼會這麼說？繼續看下去，大家就能理解了。

幼年期能否學會控制欲望，與之後的學習能力與健康息息相關

首先，在幼兒期進行的棉花糖實驗，可決定孩子將來的人生。聽來雖然讓人有些訝異，但可是千真萬確。

你聽過棉花糖實驗嗎？這是由美國心理學家沃爾特・米歇爾（Walter Mischel）教授在史丹佛大學附設托兒所進行的著名實驗❷。

我們簡單說明一下何謂棉花糖實驗。首先，讓小朋友一個人坐在一間只有桌椅的房間裡，眼前的盤子裡放著一顆棉花糖。接著大人對著小朋友說：「如果在我離開房間的十五分鐘內，你可以忍著不吃，之後我會再給你一顆棉花糖，但如果你把這顆吃掉了，就不給你第二顆囉。」接著便看看小朋友會不會忍著不吃棉花糖。

以四歲小朋友為對象的實驗中，在十五分鐘內能忍著不吃的孩子大概只佔了受試者的三分之一。而在之後的追蹤調查中發現，能忍著十五分鐘不吃的孩子，他們考

大學時，在總分二千四百分的適性測驗分數中，平均比當時只忍了三十秒的孩子多了二百一十一分。此外，他們在青年時期決定要做的事，也更有毅力執行下去，且肥胖的比例也較低。

這代表，**將來的學識、成功、健康等各項的差異，在他們四歲時會不會吃掉那顆棉花糖的時候就決定了。**棉花糖實驗，真是太恐怖了！

通過與沒通過棉花糖實驗的孩子，兩者最大的差異在於腦部活躍的部分。棉花糖實驗剛開始時，每個孩子都會想「我要忍耐」。**但當眼前的棉花糖掌控了他們的慾望時，被稱為情緒司令塔的腦部大腦邊緣系統便會開始運作了。**

「好想吃喔，好吧，吃掉它！」

另一方面，當能忍住不吃時，孩子腦中被稱為理性司令塔，且四歲之後才會蓬勃發育的前額葉皮質便會開始運作。

「不可以，再等一下。再等一下就有兩顆棉花糖了。」

在第八十五頁提及「憤怒管理」時曾說明過，由於大腦邊緣系統的反應很快，因此剛開始，每個孩子的大腦邊緣系統都會很快就開始運作。等到產生了「想吃！」的情緒後，**怎麼轉移這個念頭，改切換到由「前額葉皮質」來發出「還是忍住吧！」的情緒，便是決定孰優孰劣的關鍵了。**

即使什麼都沒有，好好培養在自己的腦中用想像力玩樂的能力吧

能讓自己將注意力從棉花糖上移走並轉換心情，需要的能力便是一開始便提到過的，沒有任何東西可玩時依然能自得其樂的能力。

從棉花糖實驗中我們可以看出，為了忘卻眼前的棉花糖，擁有讓自己能轉移注意力並另尋樂趣的能力相當重要。

但，在沒東西可玩時，如果慣於依賴電玩或智慧型手機，便無法培育出自得其樂的能力。

綜合上述所說，能夠通過棉花糖實驗的孩子，學習能力與健康狀況都較佳，而為了能做到這點，孩子必須擁有即使沒東西可玩也能找出其他樂趣的能力，而如果太依賴電玩與智慧型手機，便無法培育出這樣的能力。

我問過一位九歲的男孩他是怎麼通過棉花糖實驗的，他的回答讓我印象相當深刻❷。

「我在腦海裡想像我放在房裡的小公仔，然後想著至少放進一千個我想到的角色，接著想像自己把它們一個個拿出來玩。」

換句話說，能通過棉花糖實驗的能力，包含了在腦海中想像不存在物品的能力、在腦海中自由操控想像的能力（這兩項能力將在之後的第三章中談到，可靠四項遊戲來幫

助培養），以及會認為「沒東西可玩時，靠自己尋找樂趣是理所當然的」價值觀。

在移動的火車與汽車中等，沒有東西可玩的環境中，不妨遠離電玩或智慧型手機，親子一起創造出可同樂的事情吧。由經過的街道、擦身而過的行人或自己身上穿戴的東西取材都可以，媽媽們要不要試著自己創作個故事來說給孩子聽聽呢？

另一方面，父母與孩子若是在搭車途中冒出「媽，電動！」「好，拿去。」這樣的對話，似乎就很難對孩子的未來抱著太多期待了。

電玩會破壞孩子的腦部

接著，我們來談談電玩可能破壞孩子腦部的事。聽起來似乎也很令人訝異，但卻千真萬確。

一九九八年，在世界最具權威的科學期刊《自然》中，刊載了一篇論文。該論文中，紀錄了八位成人男性在玩電玩的五十分鐘內腦部所產生的變化。他們腦中的「紋狀體」會釋放出大量的多巴胺，量多到幾乎等同由靜脈注射興奮劑所產生的狀況一樣❸。而人之所以會對興奮劑產生依賴性，原理便是因為興奮劑會讓紋狀體釋放更多的多巴胺，進而讓人獲得興奮與快感。

雖然大部分的人似乎略有所感，**但電玩玩太多可能造成依賴性的狀態，確實在科學上是有憑有據的**。

之後，在電玩成癮與腦部關聯的研究中，發現在酒精成癮或藥物成癮者常見的腦部異變，也存在於電玩成癮症者的腦部[4]。

此外我們也發現到，電玩成癮者的腦部對於注意力與忍耐力的聯繫較弱，而為了強化腦部對電玩產生快感的聯繫，讓成癮者無法順利抑制想玩電動的欲望，會更加提高他們對電玩的依賴[5]。

舉例來說，人在考試合格、工作順利或賽事獲勝時，都會因為紋狀體釋放出大量的多巴胺而獲得快感。游泳選手北島康介在雅典奧運拿到金牌時便脫口而出「超爽的！」大概就是那樣的感覺吧。因為這樣的快感，會讓人想繼續不斷地努力。

但對電玩、酒精或興奮劑成癮的人，不必這麼努力就能讓腦部增加釋放出多巴胺，讓他們很可能因此上癮。再者，當腦部不斷大量釋出多巴胺後，體內的多巴胺受體的數量會減少，讓多巴胺的作用變弱。經過證實，**在電玩成癮者的腦內，多巴胺受體的數量的確減少了**[6]。

多巴胺有幫助集中精神的功效，因此，電玩成癮者在多巴胺處在一般正常的量時，注意力卻會非常低落。

二〇一八年，世界衛生組織（WHO）也將「電玩失調」納入世界統一標準的國際疾病分類中。可見狀況不容小覷。

幼兒期玩電玩，就像使用興奮劑一樣，通通不行

話雖如此，大部分的人或許還是覺得，把小孩子喜歡玩電玩當成上癮，未免太小題大作。當初買電玩給小孩的家長，一定也都想「一天玩一小時就好」，只要管理好時間就沒什麼問題了吧。

但就像一開始說過的，現今五歲的兒童中，每天玩智慧型手機等連接網路的遊戲機的時間，每五人就有一人超過兩小時。也就是說，扣掉睡覺的十小時、吃飯和洗澡的兩小時、上幼稚園的六小時，剩下的六小時中，有三分之一的時間都玩電玩。

對自制力尚未發展完全的孩童而言，「設定好玩電玩的時間」，大概就像跟要興奮劑的濫用者「注意興奮劑的使用量」一樣困難吧。

因此把電玩拿走，孩子當然就會哭鬧。此外，如果在很小的時候就長時間玩電玩，將來罹患電玩成癮的比例也會更高。讓幼兒長時間玩電玩，是件非常危險的事。

「你看，我買了興奮劑給你喔！」應該沒有家長會這樣跟孩子說吧！

但，「你看，我買了電玩給你喔！」卻是聖誕節或生日時時常可見的場景。結果，孩子因為迷上電玩而生活大亂或荒廢學業，就此落入負面的循環中。為了培育出聰明的孩子，真要在幼兒期買電玩給他們？還是再三思一下吧。

第3章

遊戲

讓孩子多玩，並透過遊戲讓他們看到大人的想法，是非常重要的關鍵。

3-1 可透過遊戲培養的三大能力

可培育邏輯思考的四種遊戲

常聽到有人說「遊玩太重要了！」但你內心是否認為「說什麼檯面話？」、「為了養出聰明的孩子，讀書比遊玩重要多了。」對吧？

不過，如果遊玩的經驗不夠，便無法培育出之後將提到的「聰明孩子所具備的三大能力」。為了培育出聰明的孩子，如何讓孩子專注從事高品質的遊戲可是至關重要喔。

為了培育孩子的邏輯思考能力，德國的學者卡爾・布勒教授（Karl Bühler）提出了四種遊戲：

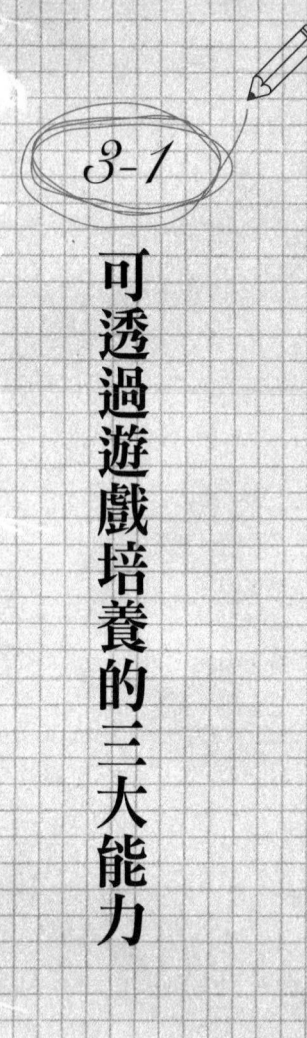

1. **想像力遊戲**：透過想像力來自得其樂。如假裝遊戲、角色扮演遊戲等。
2. **受容性遊戲**：透過視覺與聽覺來開心遊玩。如聽人朗讀繪本等。
3. **功能性遊戲**：善用身體來遊玩。包含跳躍等基本運動、踢石頭或騎車等。
4. **建構性遊戲**：將想像化為實體的遊戲。包含繪畫、疊積木、堆沙等。

接著我們一邊談談聰明孩子應具備的三大能力，一邊想想為什麼這些遊戲能培育出孩子的三大能力吧。

聰明孩子具備的三大能力之一：抽象思考能力

美國的心理學家劉易斯・特曼（Lewis Terman）曾說過：「智商高低等同抽象的思考能力。」

這裡的「抽象」當然代表是非「具體」的東西，所以換句話說，「抽象思考能力」也**就是無法眼見為憑的想像力**。

例如，將眼前的五顆糖果藏起來兩顆，然後問：「現在有幾顆？」就是種非常「具體」的問題。但如果問：「要是我吃掉兩顆，還會剩幾顆？」由於眼前明明有五顆，就讓問題變得抽象了。

而類似「兩個小紅球加上四個小白球一共有幾個?」的問題，更需要想像出眼前根本不存在的小球，並把它們加在一起，便讓問題變得更加抽象。

再進一步，若問到數學問題，例如「2 + 4 = ?」，由於當中完全沒提到物品，因此只單純剩下抽象的數字與記號而已。像這樣子，一步步提升問題到無法眼見為憑的程度。能夠想像並理解這些問題的能力，便是聰明孩子所必備的其中一種能力——「抽象的思考能力」。

數字與文字都是抽象的記號。為了掌控這些抽象思考能力，可以從一歲時便開始進行假裝遊戲（假裝睡覺、假裝吃飯等），然後於兩歲時進行模仿遊戲（扮家家酒、英雄角色扮演等），讓孩子以想像力來進行這些並不具實物的遊戲。

以俄羅斯的心理學家維高斯基（L. S. Vygotsky）為首的維高斯基學派認為，模仿遊戲正是幼兒期最棒的遊戲。

對於眼前沒有的東西，小朋友本來就比較難去想像。但只要越來越有能力去想像眼前沒有的東西，並以這樣的能力去遊玩，對孩子來說是非常有趣的。而這些樂趣，能幫助孩子將樂在學習的抽象思考能力相互連結。

透過聽唸繪本故事進行的受容性遊戲，則能讓孩子將其他人的經驗化為自身的體會，其實是比想像力遊戲還更高程度的遊戲。此外，透過將話語把想像具體化的經驗，

將可成為之後讀書、學習的基礎。由上述我們可得出以下的結論：

想像力遊戲（假裝遊戲、角色扮演遊戲）＋受容性遊戲（聽人朗讀繪本等）＝抽象思考能力

聰明孩子具備的三大能力之二：空間認知能力

即使能想像出眼前沒有的東西，但若無法在腦中自由地利用這個能力，依舊無法有太多助力。這個能力，便是聰明孩子需具備的第二種能力——空間認知能力。

空間認知能力有許多種，例如，為了揮棒打中飛來的球，必須在腦中正確判斷球的位置，這便是一種空間認知能力。與自己相距的距離、球的速度、球的高度等，擁有在腦中處理眼前空間的能力，便是空間認知能力的基礎。

另一方面，例如有個娃娃面對自己坐著，若去想像「面對我坐著的人，應該看得到娃娃背面的樣子吧。」便能以眼前所見的資訊為基礎，在腦中想像眼前看不到的空間。這也是一種空間認知能力。

再進一步，若看了上面的陳述後開始思考「原來如此。但如果娃娃和我一樣面對著坐在我對面的人，那個人應該看不到娃娃的背面了。」代表這時候，你正在腦中想像眼

前完全沒有的空間樣貌。

空間認知能力高的人，除了能在腦中打造出正確的畫面，還能以不同的角度來解析，代表也擁有相當好的邏輯思考能力。若沒有這樣的能力，很容易出現「怎麼想也搞不清楚！」或「太複雜了我跟不上！」的狀況。

為了培育空間認知能力，首先要先鍛鍊在自己的腦中，將已體驗過的空間正確重現。為了達到這一點，須透過功能性遊戲，也就是實際去看看高速飛過來的棒球，或是當自己快速行走時，留意四周的物品看起來是什麼樣子，這些都是提升腦中空間畫面精準度所不可或缺的經驗。

再者，由於孩子並不擅長去操作眼前沒有的畫面，所以必須先訓練他們將看不見的**畫面轉為具體形態的能力。這樣的能力可透過畫圖、堆積木等建構性遊戲來邊玩邊培養。**如此一來，先讓原本不可見的形象被具體化，再多體驗一些操作可見物品的遊玩經驗，以這些經驗為基礎，即使之後只有想像的畫面，也能在腦中自由自在地進行操作了。由上述我們可得出以下的結論：

功能性遊戲（跑步、跳躍）＋建構性遊戲（繪畫、堆積木）＝空間認知能力。

聰明孩子具備的三大能力之三：自得其樂的能力

聰明孩子需具備的第三個能力，便是自得其樂的能力。事實上這項能力，很容易在成長的過程中逐漸失去。

零歲或一歲的小嬰兒，很容易因為一個小東西就被迷得忘我。例如轉寶特瓶的瓶蓋、把小石子丟進寶特瓶裡、或把寶特瓶的標籤撕起來捏得皺巴巴的，光一支寶特瓶就能找出好多可以玩耍的地方。

但，當孩子漸漸知道世上更多好玩的事情後，一支寶特瓶就變得沒什麼好玩的了。他們不再「找點什麼東西來玩」，而是會吵著「好無聊！」或「我要玩電玩！」

那些能改變世界的偉人，都能從猛看無趣的東西中，找出有趣之處或發掘其價值。不覺得「只是個地圖」的人，透過 Google 地圖改變了世界；不覺得「不過是電話」的人，透過 iPhone 改變了世界；不認為「只是間書店」的人，透過 Amazon 改變了世界。

只有在能讓自己找到樂趣的地方，才是能活用你的才華之地。因此，擁有能看出事物本質的抽象思考能力，以及不甘於以既定的方式來認定事物，而能利用高超的空間認知能力在腦中多方向思考的人，才能創造出其他人無法得見的樂趣。

綜合以上的陳述，利用遊戲來培育聰明孩子的公式如下：

抽象思考能力＋空間認知能力＝創造樂趣的能力

抽象思考能力＝想像力遊戲＋受容性遊戲

空間認知能力＝功能性遊戲＋建構性遊戲

接著在下一個章節中，我們就來一一介紹與此公式相符的各種遊戲吧。

3-2 想像力遊戲、受容性遊戲

角色扮演遊戲能培育孩子的理解力與想像力

「あ」這個平假名，代表了「一」這個字。「2」這個數字則是代表「兩個」的符號。雖然剛出生不久的孩子並無法將符號與具體的畫面連結，但可透過想像力遊戲來培育這項能力。

首先，由建立現代發展心理學的尚・皮亞傑（Jean Paul Piaget）以及墨爾本大學的瑪格麗特・布朗（Margaret Brown）博士等人的研究中❶，來看看透過想像力遊戲，如何能培養對文字與數字等抽象符號的理解力吧。

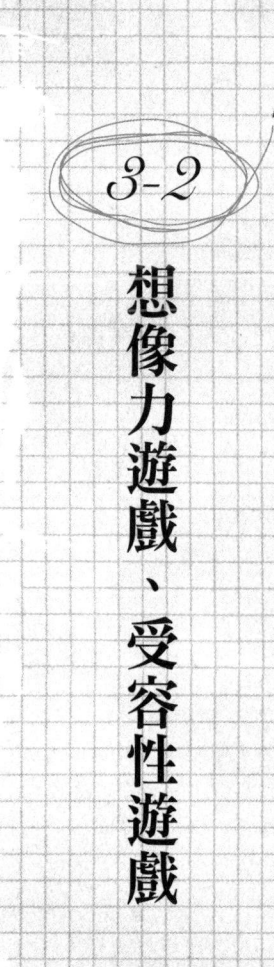

● **由一部分聯想到全貌：**

出生後約半年，嬰孩便可從玩具箱中露出來的腳，發現那是他們所喜歡的娃娃。這便是讀取「符號」能力的開端。看到大人對著他們玩「你看不到我、你看不到我」時，會格格發笑的也是這個年紀。

● **會想像眼前未看到的物品：**

一歲開始，孩子開始喜歡用空碗與湯匙假裝吃東西。之後，開始會對著爸媽或娃娃玩「啊——」的餵食遊戲。兩歲後，餵娃娃吃完飯後還會帶它們去洗澡，開始會將不同的動作組合在一起。在這個過程中，他們學會了即使什麼都沒有，也可以光用想像力假裝進食。

● **開始用其他東西假裝：**

兩歲之後，會開始把手放在頭上假裝是兔子的耳朵，然後學兔子一樣蹦蹦跳。這是因為孩子將「長耳朵」與「跳躍」符號化的關係。更進一步，還會把木棍當成刀假扮成英雄，或一面計畫著「來做料理吧！」一面用泥水做了碗湯。這也是因為孩子把「刀＝細長＝木棍」、「湯＝濃稠的液體＝泥水」給符號化的關係。

兩歲多的孩子看到家長真的要把泥水湯喝下去也不會覺得驚訝，三歲的孩子就會慌忙阻止。因為三歲的孩子已經清楚理解實物與符號的不同之處。等到四、五歲後，玩角色扮演遊戲時還會體察並配合對方的想法。

這些孩子透過想像力遊戲所培育出來的能力，與文字的理解能力、或是可由文字喚起具體畫面感的閱讀能力有關。

如果透過想像力遊戲而撼動內心的經驗不足，即使看到泥水湯，也只會覺得「怎麼可能會喝它呢？」如此一來，**便會成長為即使看了感人文章，內心也不會有共鳴，看了以比喻的手法書寫的情境文章，也完全無法在腦中描繪出畫面的小孩。**

不過，透過想像力遊戲所帶來的成長，也就是抽象思考能力的成長，其程度也非常因人而異。那麼，為了培育出抽象思考能力，家長到底該怎麼做才好呢？

家長若不一起加入想像力遊戲，孩子依舊會缺乏想像力

俄羅斯的心理學家維高斯基認為，想像力的成長可分為四個階段。**第一個階段是「將自己已知的事剪貼後，組合成新的想法。」**這正是想像力遊戲的目的。

只不過，我們可以斷言**「幼兒因為經驗薄弱，想像力也會比大人差❷。」**雖然我們常聽到人家說小孩子的想像力比大人優秀，但實際上孩子的想像力並不像大人期待得這麼好。**為什麼會如此？因為想像力需要建立在豐富的經驗上。**

例如，把玩具蔬菜拿給沒有玩過扮家家酒的孩子，如果不引導他們，會發生什麼事呢？可能他們只會碰一下而已吧。但當他們看到你一副「嗯嗯，真好吃」地假裝進食時，大概會「啊！」的大吃一驚，然後跟著一臉遲疑地嘗試跟著做。這才發現原來這麼好玩！但他們也只會這麼玩。等到你把蔬菜玩具拿到玩偶的嘴邊說：「請吃吧！」並重複幾次後，小朋友應該也會跟著把蔬菜玩具拿給玩偶吃。

孩子的想像力遊戲是以模仿大人或較年長的朋友為起點。如果長時間陪他們一起玩，孩子應該也會有能力開始進行長時間的想像力遊戲❸。

讓孩子多玩，並透過遊戲讓他們看到大人的想法，是非常重要的關鍵。

使用跟實物不像的玩具

與其使用跟實物一模一樣的玩具蔬菜，或是製作精美的戰隊英雄公仔，**不如使用紙團、寶特瓶或黏土等素材來遊玩，不但更能激發想像力，也更容易拓展遊戲。而且還可以進一步發展為構造性遊戲**。

如果因為只有兩個人在屋裡玩而覺得厭煩，那就到屋外去吧。石頭、沙子、木棍、水或葉子等，自然界就是想像力遊戲的寶庫。利用這些素材來玩扮家家酒，或是自然而然地運用身體來玩戰爭遊戲，都能培養想像力。再者，在大自然中享受想像力遊戲的樂趣，還能讓孩子對自然感興趣，進而萌生對科學的求知欲。

角色扮演遊戲對在家學習有非常棒的功效。有位三歲的女孩，要等自己最喜歡的娃娃坐在她旁邊後才肯開始學習。家長教給娃娃的平假名，女孩也一口氣就都記住了。

某位三歲的男孩在家中學習時，只要讓他與超人力霸王的玩具一起，就能大幅提升他的注意力。這也是想像力遊戲的功用之一。

聽人朗讀故事，能讓孩子擁有許多不同的經驗

前述提到的心理學家維高斯基所提出的想像力四階段中的第二階段為「**理解故事內容，勾勒出畫面，再將內容化為自己的一部分經驗。**」讀繪本給他們聽時，孩子的腦內正在進行這樣的想像。

我們來看一下御茶水大學的齊藤有博士的報告吧。這位母親是以什麼方式來讀繪本，才讓孩子喜歡上繪本的呢？以下是《狐狸的客人》（阿萬紀美子著／Sunlead出版）的最後一幕❹，聽故事的孩子為三歲八個月。

媽媽：「狐狸，死掉了。」（看著孩子。）

孩子：（看著媽媽的雙眼，一臉傷心。）

媽媽：「為了保護大家……所以才鼓起勇氣作戰。」

孩子：（將書頁往前翻，重新看一次前三頁的內容。）

媽媽：「為什麼啊？為什麼？狐狸先生，為什麼死得這麼慘？」

孩子：（與媽媽一起緩緩翻著書頁。）

媽媽感受並同理了孩子的驚訝與悲傷，等孩子的情緒緩和後才繼續往下讀，給孩子充分的時間思考並理解孩子的情緒。

接著，我們來看看對閱讀繪本不太興趣的孩子，媽媽又是怎麼做的。這孩子為五歲七個月大。

媽媽：「這裡寫著：『天靈靈地靈靈，故事到此結束哩。』」（媽媽指著書上的文字，看著孩子微笑。）

孩子：（看著媽媽的臉微笑。）

媽媽：「你懂嗎？」（拉開與孩子的距離，有點大聲地問。）「狐狸先生到底想做什麼？」（看著孩子。）

孩子：「想吃東西。」（看著媽媽，小聲地說。）

媽媽：「想吃東西？」（看著孩子）「但是牠在之前就戰死啦，你看。」

孩子：「為什麼要打仗？」（看著媽媽，小聲地問。）

媽媽：「因為啊，大野狼比狐狸大很多啊。」

孩子：「嗯。」（看著書裡的插畫。）

媽媽：「所以大野狼很強啊。你看，牠的牙齒這麼利，爪子也是。」

孩子：「狐狸的爪子也很長啊。」（指著狐狸的爪子。）

媽媽：「嗯，可是大野狼的爪子你看它那麼利！」（一面指著大野狼的爪子一面看著孩子。）

孩子：（不發一語。）

氣氛有些緊張吧。這位媽媽在讀繪本之後，不斷提出像考試一般的問題。對於孩子的疑問，媽媽以自己的看法來說服他，連孩子提出的「但是狐狸也有爪子啊。」的小質疑，媽媽也直接給予反駁。讓孩子只能沈默以對。

以這位媽媽的情形來說，除了年齡的考量外，孩子對繪本似乎興趣缺缺。**用閱讀測驗的方式「考驗」孩子對內容理解程度，對讀繪本來說可是大忌。此外，硬要孩子去讀書上的文字，也不適合孩子步調，千萬別這麼做。**

引領孩子表達他們的感受

透過接觸繪本，讓孩子有機會親身體驗繪本中的故事。例如，實際在公園玩溜滑梯時，如果你對著他們說：「好快喔！為什麼會這麼快呢？」便破壞了他們的樂趣。

如同實際體驗時別說些煞風景的話，讀繪本的時候也別說些破壞樂趣的話吧。請以引導孩子表達感受的方式與他們交談。**只要記得讓孩子的心與繪本產生共鳴即可。**

因此，孩子真正感興趣的繪本，才是最能讓孩子從中獲得成長的繪本。去圖書館多借一些書，創造出讓孩子從中選出自己真的想讀，並且在聽完後還會表示「想再聽一遍」的環境吧。孩子會要求再聽一遍，就是代表他們的心被故事牽動了。對成長來說，這是很棒的機會。多讀幾次給他們聽吧。

此外，齊藤博士還觀察到，討厭繪本的孩子，他們的母親在孩子不專心聽故事時，通常會強迫他們集中注意力地「在這裡坐好。」「拿著另外一半的書。」而喜歡繪本的孩子，他們的母親通常都會耍寶地說：「狐狸先生，你在哪裡啊？」對在好動期的小孩來說，專心地讀繪本並非易事，但只要他們不討厭繪本，還是會把注意力放回繪本上。因此，即使孩子無法專注地好好坐著，媽媽只要出聲把故事念出來，也能讓孩子聽得津津有味。

在童年時期，聽大人讀過越多繪本的孩子，越容易長成喜歡繪本的孩子。請務必多讀些繪本給您的孩子聽聽喔。

當孩子開始能自行閱讀時，父母該採取什麼態度

根據日本文部科學省於平成二十八年（二〇一六年）提出的「推動兒童閱讀之相關調查研究」報告❺，喜歡閱讀的小學生在邏輯思考能力、幹勁、志趣、同理心、對現實的滿意度與對未來的展望等，所有的項目都獲得了較高的分數。

但，**若以為所有聽過許多繪本並「喜歡繪本」的孩子都會成為「喜歡閱讀」的人，很遺憾，事實並非如此。其中之一的原因取決於孩子開始自己閱讀繪本時，父母所採取的態度。**

當孩子開始自己閱讀時，家長常會有「可以自己讀，不干我的事了。」的感覺，很多家長陪伴孩子讀書的時間開始大幅減少。但要讓孩子「喜歡閱讀」，這個階段才是真正的關鍵！**當孩子開始一個人閱讀時，請像他們還無法自己閱讀一般，多讀一些插圖少一點的繪本給他們聽吧。**

孩子一個人讀繪本的時候，其實多半是依賴插圖來理解內容。若讓他們自己讀插圖

較少的繪本，他們很難能同時在腦中勾勒出內容的畫面。但如果家長們唸給他們聽，並加上許多能幫助他們想像的說明，便能讓孩子逐漸培養出靠自己想像的能力。

直到孩子能自己一人沉浸在完全無插圖的書本之前，家長若能持續不斷地讀書給他們聽，對培育出喜歡閱讀的孩子來說，將大有助益。**無論五歲、六歲或是九歲，在孩子十歲以前，請多讀些繪本給他們聽吧。**

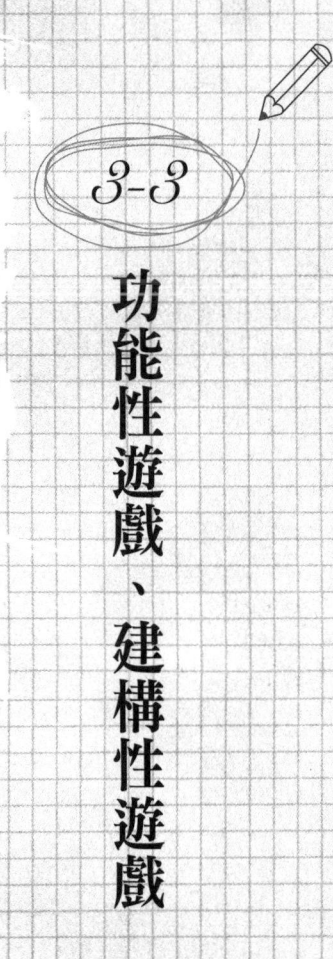

3-3 功能性遊戲、建構性遊戲

在戶外做越多運動頭腦會越好

所謂的「運動神經」是與運動相關的腦部傳導系統。相信大家都清楚，肌肉是不會自己動起來的。

例如從椅子上跳下來時，首先由視覺皮層的畫面為依據，接著大腦皮層的頭頂聯合區會開始判斷與地面的距離與角度（空間認知），接著由前額葉皮質來採取動作。大腦皮層的運動聯合區接棒發出「跳！」的命令，大腦基底核計算出適當的動作，小腦由之前的經驗來做出微調，再由大腦皮層的運動區與脊髓將動作傳遞至肌肉。僅是一個小動作，便需要使用到腦部許多不同的部分。

流經傳達系統的電流信號若很強且清晰，肌肉便能依發出的命令做出動作。能做到這種狀況便可稱為「運動神經優秀」。鈴木一朗曾說過：「在大聯盟，讓身體如自己所想般做出動作的能力，我可不輸任何人。」正因為他有意識地訓練過自己的腦部，才能說出這麼有自信的發言。為了讓通過腦部傳達系統的電流信號夠強，必須讓腦部能活躍運作。而為了達到這個目的，則必須多多運動身體。

奧勒岡州立大學的研究者們，在孩子身上裝上加速測速器後，測驗了他們玩耍時腦部的活躍程度。他們甚至還進行了以下的實驗：聽到指尖就摸頭、聽到膝蓋就摸肩膀的測驗。透過這種連運動不足的大人們可能玩一下就出局的遊戲，來測驗孩子們控制身體的能力。結果發現，**時常在外遊玩的孩子，不但腦神經的連結更活化，正確控制自己動作的能力也更強❶！**

日本文部科學省在「幼兒期運動指南❷」中指出，「在外遊玩的時間，每天加總需達六十分鐘。」最為恰當。世界衛生組織（ＷＨＯ）與許多國家則都在推廣，三歲後到上小學前，每天活動身體的時間總計須達六十分鐘。

那麼，關於孩子的運動方式與戶外遊戲，有哪些需要多加注意的事情呢？

能盯著的時候，讓孩子們做些危險的事吧

一邊發呆也能一邊走路或騎腳踏車，那是因為這些動作是靠小腦來運作的。小腦能儲存並記憶身體的動作，並在需要的時候自動重複。所謂的「身體記憶」指的就是「小腦的記憶」。

在遊玩時讓孩子做些有一點危險的挑戰，可讓小腦記憶起身體的動作。如此一來，一旦遇到突發狀況，身體便會下意識地啟動，防止出現嚴重的傷害。當然，一旦挑戰失敗也可能出現些小傷、弄髒衣服或把手腳弄得髒兮兮。別在乎這些小事，讓孩子真切感受一下挑戰體能極限所帶來的舒暢感吧！

此外，下雨天不能出去玩，只是大人的偏見。有些遊戲，正是因為下雨天才能玩。可以穿著雨鞋去踩水坑、可以看到只有下雨天才能出現的生物，還可以玩泥巴水等一些與平時不一樣的遊戲。聚集幾個小朋友，一起頂著一片塑膠布去散步也很有趣！讓孩子出去玩，還可以解除孩子在下雨的晚上總是不好睡的困擾。只是別忘了先在玄關放著毛巾，一回家就要趕快把身體擦乾喔。

此外，**「我們家孩子平時就有上體育課程，沒問題的。」這種想法可是大錯特錯喔。無論是游泳、足球或體操等，上課時其實多半的時間都花在「等」。真正運動身體的時**

間，其實不如預想中多。請把上體育課程一事，只單純當作學習運動的一種途徑之一吧。

別限定幼兒期的運動類型

還有一件事與運動神經發達與否有關。據說，不要限制幼兒期從事的運動類型比較好喔。

世界一流的運動選手，在幼兒期多半從事過許多不同的運動。例如網球界的杉山愛，小時候曾從事過體操、花式溜冰、芭蕾等；錦織圭則曾從事過游泳、足球、棒球等運動；高爾夫球界的宮里藍曾打過棒球、排球，石川遼則曾經去游泳與踢足球。當然，他們的共通點就是經常到戶外活動筋骨。

一項運動只能訓練到腦部某些特定部位。將來若希望孩子成為某項特定的運動選手，請在幼兒期多讓他們體驗不同種類的運動，好好培養他們的運動「感」。

圖畫得不好反而是創造力的展現

繪畫，是孩子在很小的時候就可以開始的建構性遊戲。

五歲以前的孩子，並不會把看到的東西照樣畫出來當作一種樂趣。他們最喜歡的是「將想像的東西畫出來」。例如在孩子三、四歲時，他們會畫出手腳從臉長出來的「蝌蚪人」，這是因為當孩子想像到人的時候，他們印象最深刻的是臉、手或腳等部位的關係。

在動物園看到兔子後，因為覺得兔子又圓又小，所以孩子畫出的兔子可能就只是一團圓圓小小的東西，或許根本不會畫出大人們一定會畫的長耳朵。但是，絕對不可以對孩子說：「兔子長得是這樣喔。首先，要先畫出兩個耳朵。」因為，**希望孩子能開心地將概念畫成具體的形象時，要是只將重點放在教孩子「什麼才是兔子的正確繪畫方式」一切就都白忙一場了。這種做法，完全無法培育出任何想像力與創造力。**

首先，我們透過美國的心理學家羅達．凱洛格（Rhoda Kellogg）博士統整分析一百萬張孩子所繪的圖畫後所整理出來的結論❸，看看該如何提升孩子的繪畫能力，以及該怎麼從旁協助吧。

● **隨意塗鴉期（一、二歲）：也就是喜歡隨意亂畫的時期**。這時期的孩子喜歡將身體的動作畫成可見的形態。黑猩猩也很喜歡這麼做。剛開始只是直線與橫線，但很快就會畫出圓形來了。

↓**適當的協助**：替孩子準備繪畫用的素材（鉛筆、色鉛筆、彩色筆、蠟筆等），以及質感與大小不同的紙張，並把家中整理成能讓孩子盡情塗鴉的環境。

● **命名塗鴉期（二、三歲）：等到會畫圓之後，就會開始出現線內是圓內，線外是圓外的概念。**接著會開始一邊替圖畫命名說「這是媽媽」，或一面說著「哺哺～」一面開始畫車子。這時期，孩子開始萌生出表現腦中畫面的想法，雖然已經算正式邁入建構性遊戲，但此階段的孩子還無法畫出物品真正的模樣。

↓**適當的協助：**可對孩子說：「這邊也有車子來囉！咘咘～」陪著他們一起玩。如果希望孩子多畫一些圖，大人們不妨先多畫些圖給他們看吧。

● **前圖示期（三、四歲）：開始畫出人、樹木或房子等。**此階段尚未開始思考構圖，但會開始將想到的東西以圖像的方式畫出來。且，孩子只會畫出讓他們印象深刻的部分。因此許多孩子畫人的時候，會讓手腳直接從臉長出來，畫出所謂的「蝌蚪人」。

↓**適當的協助：**讓孩子的想像力盡情奔馳，並幫助他們讓想像更豐富。此外，可在此時期教孩子將顏料混合的有趣之處，幫助他們拓展表現力。還可以在地板鋪上塑膠布，讓他們直接用顏料在地上塗鴉。

● **圖示期（四、五歲）：開始能在一張畫紙中表現出空間感。**此階段，孩子開始會在紙張的下緣，畫上一條橫線代表地面，並在空中畫出太陽或雲朵。但並非依所見來畫，而是憑著自己的記憶來繪圖。因此，他們會畫出一些應該看不到的東西，例如包包中的物品，或房子中的人。

↓**適當的協助**：此階段，開始有孩子覺得自己不擅長畫畫。對於這樣的孩子，可以透過大理石浮紋水畫（將顏料擠入水中之後讓顏料浮在水面上，形成複雜的圖樣後再以紙張將圖案轉寫出來的技法。）或吹畫（把顏料加入大量的水後以畫筆沾附，用筆將顏料滴在紙張上後用吸管等將顏料吹開的技法）等方式，讓他們不需侷限於構圖，也能充分享受以創造力來畫出漂亮作品的樂趣。

經過這些階段後，孩子各自成長。有些孩子開始喜歡畫英雄角色或車子，有些則開始喜歡畫人或花朵等。不要刻意提前孩子的成長階段順序，而要深耕每個階段。如此一來，便能幫助孩子豐富他們的想像力與創造力。

就像孩子在玩「角色扮演遊戲」時不要對他們說：「好棒喔！」一樣，也不用稱讚他們畫得很棒。若真想說些什麼，就多跟他們說說：「這樣很好玩吧！」

玩樂高、積木或做勞作，能幫助提升算數成績

有相關報告指出，曾透過在腦中想像圖形來訓練空間認知的六～八歲孩童，計算能力可獲得提升❹，此外，也有報告表示在幼兒期便很會玩樂高的孩子，上了中學後數學的

成績表現較優異[5]，更有許多研究都指出，透過「功能性遊戲」與「建構性遊戲」訓練出的空間認知能力越高，在算數方面的成績便越優秀。

此外，積木是由人稱幼兒教育始祖的德國人福祿貝爾（Froebel）所發明的。漂亮又簡潔的形狀，非常適合建構性遊戲。利用樂高、積木或勞作，將腦中的立體形象以立體的方式表現出來，需要比繪畫更加複雜的空間認知觀念才辦得到。**透過由不同角度觀察這些作品的經驗，可以幫助孩子修正自己的立體感，更能培育出反應快速的聰明孩子。**

接著，透過以下的遊戲方式，可利用積木或樂高進一步鍛鍊孩子的腦部。

- **堆積木遊戲：**無論是積木或其他物品，越喜歡把它弄倒，就會越喜歡去堆積或拼湊積木。透過此方式來遊玩，便會將積木漸漸堆積成某些物品的模樣。
- **模仿遊戲：**比起另外準備其他的玩具，這種玩法更有意思！如果有幾個小人偶，便很容易發展成具故事性的遊戲。這段時期，多準備一些積木、樂高或勞作道具，能讓孩子玩得更盡興。
- **滾彈珠：**如果有國外生產的「Scalino」、「Kugelbahn」、「Cuboro」等軌道積木，或日本生產的「小小木工」積木組，都會讓滾彈珠遊戲更加有趣。在終點放上鈴鐺，或利用小積木、衛生筷、保鮮膜的紙筒或空箱子來做出不同的排列組合，連家長都會玩得很著迷呢。

順道一提，**雖然幾乎沒有一個孩子是完全不會畫畫的，但如果孩子表現出對立體創作不知所措或興趣缺缺，也完全沒關係喔**。因為這與他們幼兒期所處的環境有關。

打造一個親子共玩的空間吧

積木或樂高的數量越多，越可能被收納在孩子無法自行取出的地方。如此，要是想玩積木，還得先彎腰扛重物才行。**量少也沒關係，把積木或樂高放在隨手可及的地方。把孩子用積木做成的筆筒或花盆拿來使用，讓積木遊戲融入生活中也是很棒的做法。**

此外，**試試在屋內的角落，幫孩子準備一個可盡情遊玩的空間吧，只要有防撞緩衝材，透明膠帶、摺紙用紙張或空紙箱，都是可以「玩」的物品**。不過，雖然有空間可以玩，但孩子尚不具備可就此自得其樂的能力。即使家長讓他們「自由玩耍」，孩子也很難玩得很開心。**首先，請家長先示範一下，讓孩子看看怎樣才能利用這些物品來玩遊戲。**

華特・迪士尼（Walt Disney）在小時候，把家裡的牆畫成了校園的模樣後在那遊玩，長大後得以創造出迪士尼樂園。**利用環境來幫助孩子開發他們的才能，才能讓他們的才華在之後有機會開花結果**。來想想看吧！你想為孩子創造出怎樣的環境呢？

第4章

學習

孩子們必須有「因為做的事情很重要」而去學習的經驗，一點一滴累積這樣的經驗，將幫助孩子成長茁壯。

4-1

讓孩子專心在潛能開發上的方法

何謂「近側發展區」？

讓三歲幼童做關於潛能開發的活動時，孩子玩得不亦樂乎，不一會兒，一本書就做完了。於是家長以為「哎呀，這孩子挺喜歡學習的呢！」繼續給孩子做認字或數字的教材，這次卻不如想像中順利了，為什麼會這樣呢？

其實，這時期是培養孩子不用緊迫盯人就會自動自發學習的重要時期。以下為各位解說發展心理學家維高斯基著名的「近側發展區」（Zone of Proximal Development）理論，並傳授讓孩子們從潛能開發中培養學習興趣的方法。

三個月前，媽媽給小祐買了數學的潛能開發教材，而且很努力教他怎麼玩，「你看看，這裡的蘋果總共有兩個吧？」，但小祐完全聽不懂。可是又不能就這麼算了，於是媽媽今天又再挑戰一遍。媽媽解釋教材上的問題，但小祐還是不太懂。這時媽媽提示他：「你看看，這裡的蘋果有1、2，來，跟著我數」，這次小祐似乎比較懂了一點！果然光靠小祐自己一個人是無法做教材的，但經由模仿媽媽的方式，最後終於找出了答案。

無論是三個月前的小祐或今天的小祐，都無法靠自己一個人解答問題。若替兩人進行智能測驗的話，他們是屬於同一級，但發展級別卻完全不同。

簡單來說，維高斯基將需大人幫助才能完成的級別，以及自己單獨就能完成的級別，這段發展距離，稱為「近側發展區」❶。對三個月前的小祐而言，他還沒做好獨自解決數學潛能開發教材的準備。可是若就此放棄不再做教材，就無法發現小祐這次其實已經準備就緒。孩子的近側發展區會透過大人們正確地協助而越來越成熟。

這情形不限於學習。舉一個孩子們玩耍的例子，小祐和健太在搶玩具。這時理惠插進來勸架：「不可以吵架！要照順序玩！」於是兩人便開始乖乖照順序玩遊戲，但他們只是聽理惠的話去做而已，並不懂「照順序玩遊戲」真正的意思。

可是，這句「要照順序玩！」若對更小的一歲幼兒說，要幼兒乖乖聽話可是難上加難，而小祐和健太的近側發展區顯然已經發展得較好。簡而言之，由大人協助近側發展區的發展，孩子們能夠成長得更快更好。

如果在潛能開發上遇到困難，代表平時玩得不夠多

當聽到東西的名字馬上聯想到「就是這個！」的情形，稱之為「具體化」。由自己去看、去摸，使用五感大量去感受，事物就會變得越來越具體。我們的孩子就是用五感去享受各種事物，進而逐漸磨練感性。

「具體」的相反是「抽象」。所謂「抽象」是將事物共同的部分、重要的部分抽出來，並切割掉不需要的部分。

代表抽象的東西的有「文字・句子」與「數字・記號」。明明能順利與人交談仍要學習的國語、或學習生活上不會使用到的數學，全是為了鍛鍊「處理抽象事物的能力」，也就是「抽象思考的能力」。

處理抽象事物的能力，是生存在社會上不可或缺的能力。好比說，美麗的俳句中全是抽象的比喻，物理學的法則全是抽象的公式，學問的世界全是抽象的思維等等。由此可知，人們若無法處理抽象的東西，甚至就無法享受知識。對於學齡前的孩子來說，**將抽象的思考化為有形的形式，其入口就是潛能開發。**

三歲以前的孩子會透過模仿遊戲等想像力遊戲，來培育抽象思考能力，而進一步在腦海中自由操控這個能力，則是要藉由畫圖或堆積木所培育的空間認知能力來完成。潛能開發教材能大幅提升這些能力，而且每天只要做短短十分鐘左右就夠了。對三歲的幼兒來說，一天十分鐘的潛能開發訓練就是在促進「近側發展區」的發展。

話雖如此，幼兒與小學生進行潛能開發的方式是完全不同的。**小學生，尤其是三年級以上的孩子，要試著處理無法輕易解開的問題才能成長。相較之下，幼兒則是要在生活中或遊戲中，反覆做那些理所當然該會做的事，才會有顯著的效果。**透過生活或遊戲等經驗到的具體事物，與做潛能開發教材時遇到的抽象的事物，試著將兩者做連結，孩子就能成長。這時期的孩子只要做簡簡單單就能完成的問題即可。**累積操作教材的經驗，即可打造出上小學後能樂於正規學習的基礎。**

另一方面，即使問題已經解釋得很清楚，幼兒仍然聽不懂的話，代表平時「遊戲」的具體經驗不夠。舉個例子來說，迷宮類的潛能開發教材，對於平時會以繪畫的方式畫出腦中線條的孩子而言，就能輕易享受其中。

這些家長常犯的錯，會導致孩子討厭學習

話說回來。即使是到了稍微能樂於去做潛能開發教材的時期，**只要家長的方法不正確，孩子很快就會討厭學習這件事**。常見的模式是：

沒有集中注意力去做潛能開發教材，時間一分一秒過去↓時間用完了↓媽媽焦躁的情緒爆發↓孩子感受到「做潛能開發教材媽媽會生氣」↓光看到教材心情就沮喪↓變得討厭學習。

換言之，只要協助孩子專心做十分鐘的潛能開發教材，也許就能獲得那把讓孩子樂於學習的關鍵鑰匙。

暫且換個話題，各位知道「超級瑪莉」這款電玩遊戲嗎？這是令全世界都風靡，傳說中的經典電玩遊戲。（當然不能讓幼童玩這個哦！）遊戲裡有許多讓人不禁沉迷其中的招數。我參考此遊戲，為各位介紹兩招，能讓孩子熱衷於做潛能開發教材的招數。

招數一：簡單就能完成

「超級瑪莉」中一開始只會出現動作緩慢的敵人蘑菇，所以不容易game over。即使很

快就被最初的蘑菇敵人打敗，但感覺下次似乎就能輕鬆過關。因為這種「自己辦得到！」的興奮感，而陷入遊戲中無法自拔。

當孩子在做潛能開發教材時，「真簡單！我辦得到！」的感覺很重要，但現實是，家長很少會選擇「理所當然辦得到的教材」。由於父母想看孩子有多麼厲害，心想「這樣的問題若會做就太棒了！」而選了較難的教材。然而，這樣一來孩子就有很大的可能，無法開心地樂在其中。

為了讓孩子著迷於潛能開發中，需留意以下兩點。

1. 從一歲以下年齡層的教材開始

為使孩子著迷於潛能開發，先從適合一歲以下幼兒，輕鬆好玩的教材開始。而且為了不讓孩子發現教材的年齡層比自己年紀小，先偷偷把封面撕掉吧。等到孩子玩得很開心，似乎已無法再滿足孩子時，別猶豫，直接換成孩子年齡層的教材吧。雖然這樣有點浪費，但萬事起頭最重要。千萬別有「都買了就做到最後吧」的心態。

2. 別讓孩子做太多

為人父母總會希望孩子能多學習一點，而不小心脫口說出：「再做一頁。」但這句話是禁語。請在孩子消化不良之前就先喊停吧。

招數二：自己選擇、自己決定

著迷於「超級瑪莉」的第二招是「因為是自己決定的所以會很想做！」遊戲中的瑪莉歐一開始的尺寸很小，只會跑和跳而已，但一拿到金花後就能投擲火球，拿到葉子就長出像翅膀一樣揮動的尾巴，能夠飛上天空。何時拿到何種武器，而有何種能力是由玩家自己選擇的，正是這款遊戲有趣的地方。

然而，雖想飛上天空，但若出現了金花，就得停下來摘，否則就無法前進，不然就會變得有點無聊吧。**無論大人或小孩，為了專注、專心在某項事物中，「成長是靠自己掌握」的感覺很重要。**動機心理學上的權威心理學家愛德華・德西（Edward L. Deci）將此命名為「自我決定論」❷（self-determination theory）。

因此，在潛能開發上，有以下兩點要注意。

1. 購買潛能開發教材時，讓孩子自己挑選

我曾經看到這樣的景象：母親與三歲左右的女兒一起去書店挑選潛能開發教材。母親在兩本書中猶豫不決，女兒指著一本媽媽沒留意到的書說：「我想要做這個！」時，媽媽卻說：「啊，那本下次吧。」拿了自己原本猶豫不決的那兩本教材，帶著女兒一起去結帳。

這女孩自己選擇了教材，有可能是喜歡封面，也有可能只是指著恰巧映入眼簾的東西。不過，無論理由是什麼，自己決定哪本書的那一瞬間，孩子應該都是很興奮的，而這股興奮感正是培養孩子對潛能開發感興趣的關鍵之鑰。這位母親卻錯失了良機。

因此，我會建議購買潛能開發教材時，在書店裡挑幾本孩子會有興趣的教材，再讓孩子自己選擇：「你覺得哪本好呢？」這樣比較好。

2. 讓孩子自己選擇可能會解開的問題

做教材前，先挑選幾個孩子能輕鬆解開的問題，再讓孩子選擇自己喜歡的問題來做。家長可能會覺得孩子都只挑選類型特定的問題，但不用擔心。因為孩子有「現在就是要做這個！」時期。只有自己最清楚哪個最能讓自己有所成長。

這也剛好是與前述近側發展區有關。讓孩子自己去選擇，既不會妨礙孩子自然的成長，也能讓孩子更加茁壯。讓孩子們做到之後，再換新的問題即可。

如果說孩子都不說自己想做哪一個的話，若遇到這種狀況，就要重回第一個招數，找個更簡單更能讓孩子著迷其中的低年齡層教材。

最後是**孩子在做潛能開發教材時絕不能說的一句話——「給我專心！」這句話說出口的那一瞬間就game over了。不要逼孩子，而是幫助他們打開專心的開關，才是為人父母真正的本領。**

還有一件很重要的事——做為父母親其實也是需要多多練習，才能妥善運用這裡介紹的攻略法。

幼兒時期能不能啟發對潛能開發的興趣，關乎上小學之後孩子的成長狀況，這件事就不用我多說了吧。一天十分鐘，引導孩子集中精神做潛能開發教材，培育一個將來會笑嘻嘻說：「超喜歡讀書！」精神百倍的小學生吧。

4-2 解題的方法

理所當然會的東西，孩子不一定真的懂

孩子在日常生活中理所當然就會的東西，一旦出現在潛能開發教材裡，孩子卻變得難以理解，不知道在說什麼？相信各位也遇過這樣的情形吧。「明明應該懂的問題卻不懂如何解答」，究竟是怎麼回事呢？

根據心理學家維高斯基❶所說，人是先將語言作為溝通的工具來使用，這時期幾乎是在無意識下使用語言。過了很久之後，才將語言作為思考的工具來使用，這時期才初次有意識地使用語言。

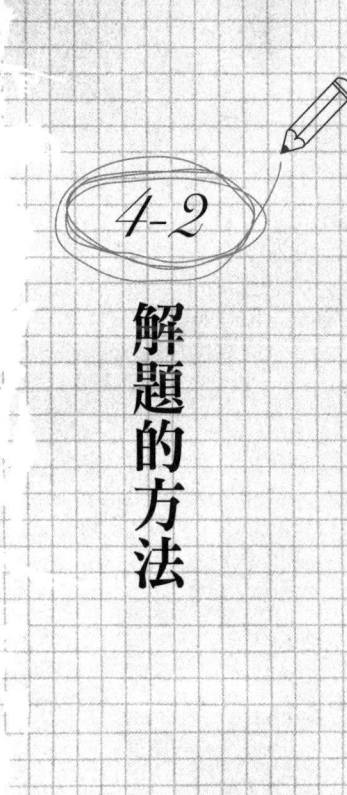

這裡舉個常見的例子。當語言尚未變成思考工具的時期，孩子說：「淳哥、我和知也三個人是兄弟哦！」時，問他：「那麼，小淳是排行第幾呢？」那孩子竟然搞不清楚。因為大家都這麼說，而知道彼此是兄弟，詢問之下才發現孩子其實不懂這是什麼意思。

這種事也會發生在大人身上。好比說平時會在各種狀況下脫口而出：「啊，真幸福！」別人眼中的你應該是懂得什麼叫做幸福的，才會發出如此的喟嘆。然而，若突然被問：「對你而言，幸福是什麼？」還是會有點答不出來吧。我想能立即回答：「就是如何如何的狀態」的人應該不多。

又比如心中想著「希望教養出幸福的孩子」時，被問到「那麼，幸福的孩子是怎樣的孩子呢？」你會如何回答呢？擁有聰明的頭腦、健康的身體、自由的心靈？成為一個親愛的家人與優秀的友伴……其實每個都是正確答案喔！

換言之，**生活中無意識使用的語言，以及有意識下使用的語言，實際上有很大的落差。而這正類似於「明明應該懂的問題卻不懂如何解答」時的孩子的狀態。**

為什麼不是每一次都會

除此之外「明明應該懂的問題卻不懂如何解答」的理由還有一個。

各位知道流浪兒童（street children）嗎？那些孩子窮到連鞋子也沒得穿，因為拚了命要生存下去，而在馬路上向觀光客兜售伴手禮賺錢。這樣的孩子算零錢的速度非常快。而且即使客人要求打折，或用的是美金而非當地貨幣時，也能立刻換算出來。畢竟拖拖拉拉地，客人一走掉就賺不到錢了。

若是給這些孩子們出算數問題，卻無法輕鬆算出來。這個稱為**知識的領域固有性**。零錢與算數的算法明明幾乎一樣，狀況不同卻算不出來了。這些孩子的情形也屬於「明明應該懂的問題卻不懂如何解答」。

因此，我們需要教會孩子，不只是在特定狀況下，才能夠學習成長，反之，應該要在任何狀況下，都能解決類似的問題。

面對孩子「明明應該懂的問題卻不懂如何解答」時的處理方式

所以說，如果孩子不會回答潛能開發教材的問題，平時就要多多體驗生活上的各種交流，諸如幫忙準備晚餐、模仿遊戲、在公園玩耍等，這其實都是潛能開發相當重要的一環。

雖然孩子不會回答，但還是想讓孩子做教材！這種時候要怎麼做比較好呢？

1.「像唸繪本一樣」的方式解題給孩子看

第一步是先讓孩子看你如何解題目。這時的重點是「像唸繪本一樣」來解題目。唸繪本時並不會有「下次你要自己讀哦。」的念頭，而是單純想唸給孩子聽吧。就跟這道理一樣，別有「下次你要自己解哦。」的念頭，單純讓孩子愉快地看你解題目。若孩子能開心地看著家長解題目，相信很快就會邊模仿、邊解題目。畢竟近側發展區的成長就是從模仿開始。

舉個例子來說，理惠（三歲・女孩子）的母親會用理惠最喜歡的娃娃來說故事。當娃娃不會解題目而煩惱時，會有王子出現給娃娃提示。最後娃娃總是能正確找到答案。理惠媽媽用的這種方法，正是「像唸繪本一樣」！

2.連結孩子知道的事物

東北大學的大森茂博士做了一項實驗❷。大森博士對四歲半左右的孩子出了這樣的題目：「從正面看某個模型與從反面看同一個模型，各是什麼樣子？」的選擇題。模型是三種不同形狀的山時，只有25%的孩子解出正確答案。可是當模型是兩個長凳和溜滑梯時，因為那些是孩子在公園常見的東西，所以有60%的孩子答出正確答案。實驗發現，用熟悉的畫面來思考題目，對孩子來說就簡單多了。

如果遇到不懂的問題時，就將問題改成孩子熟悉的事物或遊戲吧，如此一來相信孩子就會有想法了。

不懂算數問答題的龍二（五歲・男孩子）目前正沉迷投環遊戲中，龍二的父親用紙箱做成大型的投環遊戲，每天和龍二一起玩。然後在隔天早上，龍二和爸爸用投環遊戲比賽誰的分數高，將這樣的比較做為算數問答題讓龍二做，於是龍二每天早上都開心地期待算數學。不用說，龍二對這樣的題目如魚得水，之後遇到算數問答題時，也經常大獲全勝。

3. 讓孩子設計問題

再舉個例子，當孩子可以將迷宮類的題目越做越好之後，就讓孩子自己設計迷宮的遊戲吧。同樣道理，也可以讓孩子設計一些數學問題、語彙問題等。因為比起回答問題，設計問題肯定好玩多了！

而且，試著設計問題後，就更懂問題的結構。或許一開始會設計出莫名其妙的問題，但這樣也無妨，慢慢地孩子們就會設計得越來越好。

里美（四歲・男孩子）剛好是很愛寫「4」這個字的時期，所以家長們不妨試著引導孩子「設計答案全都是4的問題吧！」孩子們可能會花很多時間與精神，但這樣的引導將會強化孩子對於潛能開發教材的興趣，更何況，孩子們做自己出的題目，不用說當然會全部都答對！

我再重複一遍，遇到潛能開發教材不會做的問題，要積極地利用孩子在生活或遊戲中的經驗去引導孩子，別忘記「具體化」是很重要的一環。

4-3 認字的學習

如何教學齡前的孩子閱讀與書寫

全世界的語言有三千或五千種，雖說可能還有更多，但其中使用文字的語言其實也不到一百種。要是人類「與生俱來」的能力，才能稱之為「本能」，看來說話對人類來說，是與生俱來的本能，但書寫與閱讀卻不是。這也是為什麼，人類必須有書寫和閱讀的教育。

要不要在幼兒時期教認字寫字，至今仍是正反兩極的論調。然而實際上，**孩子會從某個時期對文字非常感興趣，若家長在這時期好好教孩子的話，孩子很快就學會認字**

了。先學會透過拼音認字★的孩子也會藉由家長妥善的協助，著迷於看書的樂趣中。

孩子靠自己吸收大量的知識，沉浸在故事的世界裡而開心得不得了。既然已充分體認到閱讀的樂趣，上小學後，無論是老師說的話或課本的內容也能充分地理解，而變得越來越喜歡讀書。

常常聽到「學校的課程太簡單，孩子會不會覺得無聊呢？」這樣的疑問，完全不用擔心。上小學左右的孩子剛好是「簡單辨得到所以喜歡讀書！」的時期。畢竟這時大腦的前額葉皮質尚未發達，無法對困難的學習感興趣。正因為輕輕鬆鬆就辨得到，孩子才會覺得讀書很開心。

相較之下，若上小學時還不能自在地透過拼音閱讀的話，孩子會覺得小學的課程很難。孩子在體驗「學習好快樂！」的感覺之前，會頓時覺得「學習好難喔！」很抱歉，這樣孩子應該是無法喜歡讀書的。

這時家長就會對於沒先教孩子認字感到後悔，最糟的是會讓孩子未來的學習變得非常辛苦。因為現在的小學老師，幾乎是以孩子已經懂拼音的前提來上課的。對文字有興趣的孩子就要好好地教導他們，這是父母親的義務。

只要孩子寫得開心就無所謂

話雖如此，常常遇到家長詢問「該如何導正孩子寫出鏡像字▲的毛病呢？」開始對文字有興趣的孩子，起初寫出來的文字，常常都是左右相反的鏡像字，然而，**只要孩子能享受書寫的樂趣就完全不用擔心**。

譬如「く」、「も」、「し」、「い」、「さ」、「せ」、「た」等，這些字雖然容易寫成左右相反，但有報告指出**寫出鏡像字的孩字與寫得正確的孩子，其閱讀能力完全沒有差異❶**。此外，對鏡像字有深入研究的大阪教育大學的田中敏隆教授表示：「寫鏡像字的孩子只是將自己記得的文字寫成不同方向、旋轉看看，或照著鏡子的方向寫，透過這些方式來理解正確的文字❷。」

的確是這樣沒錯，如同畫畫時，兔子、車子或人類，無論畫成哪個方向都依然是兔子、車子與人類吧。然而我們不曾這麼提醒孩子「兔子是朝向左邊的哦？」只有文字有固定方向，孩子說不定才會因此一頭霧水。

編註

★ 原文的拼音認字，指的是日文中的平假名，類似中文的注音符號。

▲ 鏡像字通常發生於孩童學習寫字的初始階段，會不自覺地寫出與正確文字左右相反的文字。

如同許多鏡像字研究學者所說，寫鏡像字的狀況會在某時期突然消失。這並不是因為無法寫成左右相反的文字增加，而是孩子們已經能夠認知文字是一種特定的符號。但也有其他說法表示，孩子這時確定了自己習慣用哪隻手，或能正確處理視覺資訊等等，眾說紛紜，目前仍未有正確答案。

無論如何，寫出鏡像字的孩子，與寫出正確文字的孩子，兩種孩子都同樣能學好閱讀，而且並不代表他們背錯文字方向，所以家長無需那麼緊張。反而該做的是，透過閱讀文字與文字變親近的同時，也讓孩子堆積木或繪圖來提高空間認知能力吧。

培養孩子閱讀能力的兩個方法

比起寫字，更要積極協助孩子閱讀的能力。這裡所說的「閱讀」指的不是「唸讀」過去而已，而是解讀文字意義的能力。**協助孩子閱讀的重要方法是「提高音韻覺識」與「認識文字」**。先為各位說明何謂音韻覺識。

常常有家長跟我討論「孩子都不去讀記起來的平假名。」平假名是聲音與文字能完全對應的表音文字，是在世界上難得比較容易記住的文字。的確是如此，孩子一旦開始記得自己的名字，或對喜歡的卡通人物有興趣，就會以驚人的速度記平假名。

然而，**光記得平假名不等於就能讀懂文字。為了脫離僅僅是把文字唸讀過去的狀況，必須「提高音韻覺識」。**

所謂的音韻覺識是認知到語言是哪些聲音的集合。譬如能夠認知「爸爸」（おとうさん）這個單字是從「お」開始「ん」結尾的五個字所組成，也屬於音韻覺識的一種。

學會「閱讀」以前的孩子，即使自己發出「爸爸」（おとうさん）或「媽媽」（おかあさん），也不知道該在哪裡停頓。雖然知道只要叫了「爸爸」或「媽媽」會有人轉頭過來溫柔地回應自己，但其實未察覺到「爸爸」和「媽媽」是從「お」開始「ん」結尾的五個字所組成。若孩子有音韻覺識，就能意識到是五個字。

「音韻覺識」是為了讓幼兒能靠自己閱讀並理解單字與文章，所不可或缺的能力。關於日語的音韻覺識與孩子的平假名閱讀書寫能力，中央大學的天野清教授等，已有許多詳細的研究❸。

近年來，英語的拼音學習法，是以將單字分割成聲音來理解的「自然發音法」為中心，許多熱心於英語教育者引進這套方式，其實在自然發音法更早之前，日本就已經有關於音韻覺識的研究。**據說，可透過音韻覺識的發展程度預測之後孩子的閱讀能力，提高音韻覺識也較容易幫助孩子成長，不需要父母一個人就能閱讀。**

若孩子不懂音韻覺識，就無法理解所閱讀的文字意義。確認孩子是不是有音韻覺識

的方法，可以考慮玩「拍拍『媽媽』（おかあさん）這個字」的遊戲，如果孩子是「かあ」時拍一下，「さん」時拍一下，代表孩子的音韻覺識並不正確★。

嬰兒起初聽到大人所說的話，只是聲音的集合而已。然而，出生半年後就懂說話時斷句的地方，而九個月就能明白單字斷句的地方。當孩子懂得這些後，自己也能試著開始說出話來。只不過，在這個階段終究只是關注單字語言的意義，仍然無法讀句子。

國立精神暨神經醫療研究中心、聖瑪麗安娜醫科大學、鳥取大學所組成的研究團隊發現，在智能與學習欲上明明沒有問題，卻有「閱讀障礙」（dyslexia）的患者，大腦中處理音韻的功能表現較弱[4]，這也是屬於在文字的讀寫能力上缺乏音韻覺識的例子。

能提高音韻覺識的聰明工具——接龍遊戲與童謠

「提高音韻覺識」是依照以下幾個階段來進行。將這些階段大量套入遊戲中，提高孩子的音韻覺識吧。

●第零階段：感受音韻

牛津大學的莫里．麥克林（Morag Maclean）博士針對三歲幼兒進行十五個月的研究，結果發現，習慣跟著大人吟唱童謠的孩子，音韻覺識較發達[5]。音韻覺識也可說與初期的閱讀能力有很深的關係。

日文童謠會像「花～開～了～」（さ～い～た～），幾乎是一個音一個字來唱，所以能提高音韻覺識。請家長在孩子完全沒有音韻覺識的時期，多多唱童謠給孩子聽吧。

● 第一階段：練就孩子將單字分解成音的能力（音韻分析）

孩子能將單字分解成音（稱之為音拍）的時期。**用手拍出「兔子」（ウサギ）的音節數的語言遊戲**，就是屬於這階段。

● 第二階段：練就孩子找出第一個字、第二個字的能力（音韻切割）

孩子能夠意識到語言中的第一個音與最後一個音等位置，即是音韻覺識逐漸提高的階段。所以說，接龍遊戲是語言遊戲中絕佳的音韻覺識遊戲。只不過，接龍遊戲需要有足夠的語彙量，以及從記憶中找尋自己所知的語彙的能力。不過，這個時期是以「提高音韻覺識」為目的，所以玩遊戲時多多給予孩子提示吧。

● 第三階段：練就孩子將音組合成單字的能力（音韻合成）

可以將音組合並說出單字的階段。用「ハ」與「ナ」的音組合起來說出「花」（ハナ），然後連想到具體的花。若孩子無法這麼做的話，代表只是純粹唸讀文字而已。

編註

★ 正確的拍法是唸到「お」、「か」、「あ」、「さ」、「ん」時各拍一下。

● **第四階段：練就孩子將單字內的音變換成其他單字的能力（音韻切割＋音韻合成）**

孩子能夠刪除語言中的音，或附加語言中的音，轉換成其他音的階段。譬如將「鳥」（とり）的「り」換成「ら」變成「虎」（とら），或從「屁股」（おしり）拿掉「し」變成「尾」（おり）。**家長可以在電車中或移動中等沒有玩具的時候，陪孩子多玩玩這類猜謎遊戲**。

用孩子喜歡的東西引導學習

平假名基本上是一個字代表一個音。另一方面，英文也是以幾個字母組合成一個音。因此即使記住「a」（エー）、「n」（エヌ）、「t」（ティー），也唸不出「ant」（アント）。

因此，過去的美國的拼音教學法，將「ant」（アント）賦予「螞蟻」這個意義，這個是稱為「全語言教育★」（whole language）的文字學習法。大正時代，近似這個學習法的方法被引進日本，有一段時期是將「螞蟻」（あり）這個文字與「アリ」的印象連結在一起，使用這樣的學習法（語形法），現在已經很少見了。讓孩子背平假名時，也仍要意識到利用音韻來教孩子怎麼背平假名。這個學習方法是相對於「語形法」的「音聲法」。

如前所述，**孩子能夠透過發現單字中的第一個發音，便能較快理解何謂音韻**。所以

家長要告訴孩子螞蟻（あり）、腳（あし）、雨（あめ）、麵包超人（あんぱんま）等單字全都是從「あ」音開始的。再和孩子一起找找其他「あ」開始的單字吧，藉此建立起孩子對於拼音系統的意識。

依照日語的構造，這是非常直接的方法。**像這樣讓孩子一邊意識音韻，一邊記平假名，就能輕鬆進階到自己看書、自己寫文章的階段**。接著再利用孩子喜歡的英雄或人物角色的名字，提高對音韻的集中力，藉以引導出孩子「好想記住好多文字！」的強烈學習欲望。

祐樹（三歲）一開始是用市面常見的單字卡學習平假名，媽媽原本一直抱怨孩子老是記不住平假名，但一採用這個方法後，才一個月祐樹就將平假名全記住了。

想要提高孩子的音韻覺識，只要運用以上的方法就無敵了！

編註

★ 全語言教育（whole language）認為不應把將聽、說、讀、寫以人為的方式分為不同的學習階段，語言學習應當視為一種整體。因此，在教導幼兒認字的過程，強調不先透過拼音系統引導學生認識文字，而是鼓勵初學者以「習慣」的方式，自然建立起自己的識字系統。

4-4 閱讀能力

孩子透過自言自語建立思考的習慣

孩子提高音韻覺識，記住平假名後，終於能靠自己閱讀文字並理解意義。

然而，這時期要理解文章還早得很。在那之前，孩子需要有所準備。為了向各位解釋這部分，先來說明心理學家維高斯基認為的幼兒與語言的關係❶。

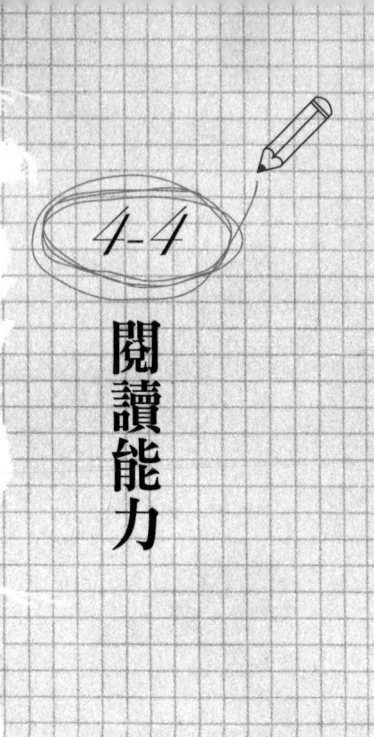

孩子在喝水時發現桌子對面有個有趣的東西。於是將杯子放在桌上，想拿起那東西時……啊，水翻倒了。

自出生以來第一次看到水翻倒時，孩子沒什麼想法，也不會對打翻水出現任何感覺。可是，這種時候都會聽到媽媽的聲音。「欸～弄濕了啊」、「得拿毛巾來才行」、「會著涼要換衣服哦」。

聽到媽媽的這些聲音，孩子便學會「水一翻倒就要發『欸～』的聲音。」那是孩子在學習媽媽發出的語言。於是下一次水翻倒時，孩子自己就會發出「欸～」的聲音。不過，這階段仍然是在模仿媽媽。並不是自己在思考。

過了幾年。當孩子在媽媽不在身邊時打翻水，這次換自己自言自語地說「欸～弄濕了啊」、「得拿毛巾來才行」、「會著涼要換衣服哦」，那就是孩子開始在思考了。**孩子在這個階段，開始能將想法化作語言，所以我們才會見到三、四歲左右的孩子有時候會自言自語的情形**。

數年之後，當孩子再次一個人翻倒水時，卻不會說出這些話，那是因為這些話語已經內化成一種思考，孩子們不再透過自言自語，去建立起對於每一件事的思考。

換言之，**孩子的自言自語是思考的開始**。

孩子自言自語代表閱讀能力提升

孩子從兩歲起語彙急速增加，並逐漸將語言作為溝通的工具來使用。那些語彙其實全是別人跟孩子說過的話。維高斯基稱之為「外向語言」（outer speech）。這時期的孩子對於眼前發生的事，或別人對自己講的話，幾乎是無意識地拿來使用，尚未建立起關於語用的邏輯。

另一方面，到了七歲左右，孩子會逐漸將語言作為思考的工具使用。維高斯基稱之為「內在語言」（inner speech）。這時期的孩子，能夠完全理解自己在想什麼，換言之，孩子是有意識地使用語言，於是孩子就像這樣意識到語言，進而控制語言，接著便能夠試著寫出有條理的文章。

在這樣的變化過程中，我們常會看到孩子自言自語。**這是孩子為了建立一種內在的思考而說的話。模仿身邊的大人或哥哥、姐姐們對自己說過的話，試著用在不同的情境，進而變成自己的東西。**

可是，孩子無法只在腦海中思考，喃喃自語的狀況不是只在一個人的時候，和朋友玩耍時，看似和朋友說話，其實是在對自己說話，那也是為了建立內在思考。**隨著成長，日常生活中慢慢地便會減少自言自語的狀態；然而，這樣的自言自語，正是孩子們閱讀能力提升的徵兆，必須好好把握。**

即使孩子能夠默讀，刻意放聲唸出來其實更重要

孩子能夠讀單字後，要不了多久也可以一個人看書。這時很多小孩是默讀，也就是看著文字不發一語默默跟著讀下去。當然，如果孩子看得開心，就讓孩子盡情徜徉其中。但要注意的是，若孩子是三、四歲正在認字的時期，唸出聲音是不可缺少的。

自人類文明創造文字以來已經過了六千年，但其實有很長一段時間，文字是大聲唸出來的東西。我想大概不會有人大聲朗讀本書，但默讀普及化是從十世紀才開始的。在日本，明治時代以前，若不出聲唸文章的話會被人質疑「你在做什麼？」像現今這樣以默讀為主流的閱讀歷史，算是很近期的事。

況且，也有研究結果指出，**幼兒期的孩子不擅長思考，因此，比起默讀，放聲讀出來較能提高正確理解內容的閱讀能力**。對孩子而言，理解文章比想像中的還難。譬如說：

「從托兒所放學回家的理惠／摘了又小又紅的花」。

想一想孩子閱讀這句子時的情形吧：一邊讀著「托兒所」、「放學回家」，孩子的腦中必須理解「啊，是在講時間的事情。」而在讀到「理惠」時，必須先記下「從托兒所放學回家」這件事，接著腦中要快速產生「啊，原來是理惠從托兒所放學回家啊。」的

聯想才行。接著，一邊讀「又小又紅」時，又要一邊感受『又小又紅』的是什麼，一邊連結「摘了」與「花」之間的動作關係。

由此可知，光憑閱讀文章就能理解內容，對還不擅長用頭腦思考的孩子是非常困難的。**因此，把視覺注意力全放在「托兒所」這些單字的話，孩子無法全盤理解文章內容，透過聽覺與說話的動作，則可以幫助孩子理解每個單字的前後關係。**

朗讀的音量最好是喃喃自語的程度

據說人在默讀時，腦海中也會播放聲音，可是所有閱讀都在腦中進行的話，對孩子而言非常辛苦。因此，閱讀能力仍不高的孩子是將腦中播放的聲音實際唸出聲來彌補不足之處，接著藉由耳朵接收這個聲音，提高理解力。

筑波大學的田中敏教授❷將托兒所中年長的班級分成三個組別。A組是用耳機一邊聽著話語，一邊一句一句地唸出來，說給面前的哥哥聽，也就是所謂的朗讀；B組是一邊聽著話語，一邊閉起眼睛重複地小聲說給自己聽，也就是所謂的喃喃自語；C組則是閉上眼睛在心中反覆地聽，也就是所謂的默讀。那麼，這三組哪一組最能理解內容呢？

這三個組別中，對內容理解力最高、最出類拔萃的是喃喃自語的B組。如前所述，幼兒期的孩子會為了思考而唸出聲音，那是因為還不擅長在心中使用語言來思考。因此田中教授認為，默讀的C組無法充分理解到內容。

從上述得知，將文章內容與自己所想的事，放出聲唸出來，對內容的理解效果更好。A組雖然也是唸出聲音，不過對象是他人，反而較難在第一時間將正確的內容，回饋到閱讀者本身。同理可證，孩子在家中出聲朗讀時也一樣，若太在意是要唸給母親聽的，可能疏忽對內容的理解。

因此，閱讀文章時不要讓孩子只專注在發出聲音給他人聽到，而是小聲慢慢地喃喃自語，才是促進理解內容的最佳方式。甚至親子分別閱讀同一本書後，家長與孩子才將自己思考的內容說出來，一起討論正確的內容為何，也是不錯的方法。

這個喃喃自語的朗讀，不只是在學習國語，在做算數的問答題也非常有幫助。五歲女孩希良梨一直不會做算數的問答題，然而，當她採用了做問答題時喃喃自語的朗讀方式，讀完之後不一會兒就恍然大悟地「啊！」一聲，開始寫公式，沒多久就很會寫算數的問答題了！

4-5 唱數、使用數字的能力

算數好＝喜歡學習

所謂的算數就是一種「學習學東西」的學問。當孩子懂得越多以後，就會深切地感到「想知道得更多」。

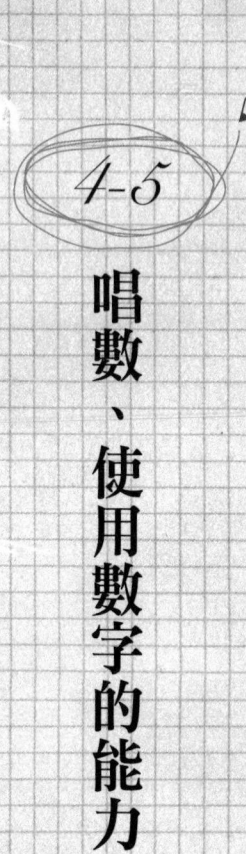

因此，孩童時期尤其會有「算數好＝喜歡學習」的感覺。**算數好感覺頭腦就好，那並沒有錯**。培養孩子對算數的樂趣，就容易培養孩子自己主動去學習的能力，也就是「自我調整的學習能力」（詳情請參考「4-9才藝」）。

這時期所使用的數字，既是數字也是記號。無論是兩根指頭或兩顆草莓，只要孩子發現都跟「2」這個抽象的數字有關，就已經站在算數世界的入口了。**孩子在生活中發現與數字的各種關聯性而受到驚訝與感動，對事物產生各種想法，在意想不到的地方找到彼此的連結，並且記住這些關聯性。**

最簡單的算數邏輯是加法和減法。首先，我們就要好好理解家長該如何幫助孩子計算加法與減法。

手指頭越靈活，越能提高計算能力也是真的

位於比利時的天主教魯汶大學的瑪利安．格雷西亞（María Gracia）教授等人，將四十七名的小學一年級生分成三個組別進行實驗❶。A組是手指頭不太靈活的孩子們，一週進行兩次三十分鐘的手指頭訓練；B組也是手指頭不太靈活的孩子們，讓他們做一般閱讀能力的訓練；C組則是手指頭靈活的孩子們，讓這一組跟平常一樣地上學。在訓練之前，無論是計算力或認識數字的能力，C組得分都是最高的。

然而，訓練了兩個月後，無論計算力或認識數字的能力，進行了手指頭訓練的A組分數最高。由此可看出，經過手指頭訓練的孩子，提高了計算力。

此外，廣島大學的淺川淳司助理教授等人，對於年長孩子們的計算能力與手指頭的

靈活度／語彙力／韻律感／運動能力等各種能力的相互關係調查了一整年，結果發現，**與計算能力關係最深的是手指頭的靈活度**。在其他的學者研究中，也都可看見手指頭的感覺敏銳度與算數能力關係密切[2]。

原因有一說是進行計算的大腦部位與專司手指運動的大腦部位很近，發展的層級很類似，另一說則是幼兒因為大量使用手指頭進行計算，手指的神經發達較容易理解數字，但仍未有定論。

無論如何，手指頭越靈活，計算力越高是無庸置疑的，甚至一般還會形容手指是「突出的大腦」或是「人的第二個大腦」。

比起培育正規的算數力，應該從幼兒時期就讓孩子玩玩抓小東西、丟接球、撕貼紙、捏黏土或翻花繩等遊戲，透過大量使用手指神經，來培養優秀計算力的基底。

學習算數前，先接觸使用五感來理解的「非正式算數」★

很久之前，發展心理學權威的尚．皮亞傑認為，孩子是在七歲以後才能理解數字。然而，我在平時生活中接觸到六歲以下的孩子，並不覺得他們完全不理解數字。

亞利桑那大學的凱倫．永利（Karen Wynn）教授在科學雜誌《自然》中發表一篇著名的實驗結果，雖然刊載後有贊成與反對兩種意見，但無論如何是個頗為有趣的實驗。永利教授將五個月的嬰兒放在投影幕前坐下，且這位置看不到投影幕後方，接著讓嬰兒看到實驗者在投影幕後方放了一個米老鼠的玩偶。接著，再讓嬰兒看到實驗者放了第二個米老鼠後，就拿掉投影幕。嬰兒對於有兩個米老鼠的存在並不訝異，但若只有一個或三個米老鼠時反而嚇了一跳，這代表連嬰兒都能直觀地理解簡單的加法❸。從上述即可深深瞭解到，孩子會在生活或遊戲中理解數字，並依此來加深理解。

嬰幼兒在生活或遊戲中使用五感所理解到的算數稱之為「非正式算數」，就像剛剛擺放玩偶的實驗一樣。而最常見也最簡單，能讓孩子們用五感所感受到的**非正式算數**，則是唱數或計算數目。也就是說：

「非正式算數」＝「唱數力」＋「計算數目的能力」

接著來看看，孩子的各個能力是如何發展的。

編註

★「非正式算數」（Informal Arithmetic）指的是幼兒與生俱來就有的某種對數字的感覺，可在生活與遊戲之中觀察得到。

唱數的練習依五階段來進行

某研究者曾說過，孩子上小學前的自發性集中力與唱數的能力，能預測到升上五年級時的算數成績[4]。

孩子在出生後似乎馬上就能理解1到3的數字。因為我們在孩子爬行時期會喊「1、2、1、2」來唱數，準備跳起來的時候也會數「1、2、3」。我們在長遠的歷史之中，對嬰兒常常會使用1到3的數字來與他們互動。即使是爬行時期，比起「1、2、3、4」，嬰兒對「1、2、1、2」的反應也比較快。我們的孩子就像這樣，從出生後自然而然地累積唱數的經驗。因此，最好盡早和孩子一起唱數比較好。

幼兒的「唱數」有五個發展階段[5]。觀察孩子現在處在哪個發展階段，先讓孩子盡情在那個階段發揮，再增加能促進孩子往下個階段邁進的遊戲吧。

● 第一階段：反覆唸咒語般數「1、2、3」的階段

孩子在這個階段，會將記得的字像唱歌般用哼的，但並沒有意識到自己在數數字。

家長可以做的事：讓這個階段的孩子瞭解「1」、「2」、「3」是分開的。可以用拍手拍三下，也可以拿出三樣東西一個個指著，一邊說著「1、2、3」或者喊「1、2、3」後跳起來，或玩投球遊戲時喊「1、2、3」，也是幫助孩子理解的好時機。

●第二階段：能一個字一個字數「1、2、3」的階段

此時的孩子已能夠瞭解「1」、「2」、「3」是分開的。若能做到這一步，就能用第一百九十五頁所介紹的「COUNT ALL」的方法來算加法。

家長可以做的事：讓這階段的孩子嘗試各種數數字的方法吧！「5、4、3、2、1、0」以倒數的方式用身體感受「0」越來越近的感覺也很有趣，也可以試試「2、4、6、8、10」這種偶數的唱數法。吃草莓等粒粒分明的食物時說：「吃了一個，所以還剩兩個喔～」，將加減法運用在生活上，效果也很好。

●第三階段：能數「3、4、5」或「3、2、1」的階段

在這個階段，即使不是從1開始也能唱數。若能做到這一步，也能用後面所介紹的「COUNT ON」的方法來算加法，孩子計算的速度也會變快，接著也就自然而然對減法比較容易上手。

家長可以做的事：給這個階段的孩子點心時（孩子在數點心時都會很認真！）一開始給兩個，然後說：「之後再給兩個喔。」體驗到原本有幾個，然後再加上幾個的經驗，引發孩子的興奮感。也可以撿起五顆石頭，右手放兩顆，左手藏三顆握好，讓孩子猜「放了幾顆石頭呢？」的遊戲。這個時期也可以鼓勵孩子多多數超過十的數字。

●第四階段：一邊數數字，並曉得自己數到多少的階段

在這個階段，孩子知道數字是一個一個分開的，也能一邊數數字、一邊曉得自己數到哪裡，也就是說，從5數到7時，知道數字有三個。孩子在這個階段已經能進行更複雜一點的計算。

家長可以做的事：讓這階段的孩子在生活中運用更多數字吧。教孩子一元硬幣五個與五元硬幣是一樣的數值，十圓硬幣十個與一百圓硬幣是一樣的數值，然後買東西時讓孩子試著去付錢。

●第五階段：能自由自在操控數字的階段

這個階段孩子已能夠不斷重複加加減減的簡單算數，比如「加3後減2，再加4……」像這樣，生活中多與孩子們練習，讓孩子對算數變得越來越拿手。

在廚房、浴室、或戶外等生活場景中唱出大量的數字吧

孩子在算加法或減法時，常會使用這個「唱數」方式。好比說，先讓孩子看七顆彈珠，然後再詢問：「和這個相同的數字卡是哪個？」時，幼童會先在心中唱著「7」然後選擇「7」的數字卡❻。由此可知唱數能力對幼童在理解數字上非常重要。

因此，**為了培養孩子的算數能力在對數字的認知還不充分的時期，以唱歌的方式讓**

孩子唱出大量的數字吧。好比說，試試看和孩子一起在浴室數數字，或唱數字的歌來玩玩看。

接著，據說在培育幼兒數字的概念上，「具體的物品與抽象的數字能夠產生連結最為重要」。換言之，就是要讓孩子們看著五顆彈珠，在腦中很快能連接到「5」這個數字。

接下來談談「計算數目的能力」吧。

最初先數到「3」，接著再好好數到「5」吧

孩子從兩歲左右開始會自己將東西排成直線，那代表正式會「計數」。從此之後，算數對孩子來說，就變得越來越有趣。

一開始讓孩子累積大量從小的數字來算的經驗。比如說，先數到「3」。因為人對數到3的數字理解較簡單容易。

然而，一旦超過4，就會頓時變得很困難。有項研究是針對澳洲未開發地區進行大規模調查，結果顯示，幾乎沒有一個原住民理解4這個數字。同樣的道理，孩子很快就能理解到3的數字，但對4的理解卻像是遇到一堵高牆。

「拿一個過來」、「兩個兩個吃」、「貼三張貼紙」之類，先讓孩子感受1到3的數字，

澈底磨練「對數字的感覺」。因此，要培養孩子計數的能力，第一步就是讓孩子好好熟悉1到3吧！

若孩子理解到3的數字後，接著就往「5」邁進。孩子進到小學後不久就會以5為標準來思考數字❼。雖然孩子知道十進位，但對他們來說，所有的計算幾乎是用5的整數來思考。以下就以「8＋6」的計算為例，為各位作說明。

大人一般（假設不記得答案），「8」加「2」等於「10」，「6」減「2」等於「4」，再跟10加起來「10＋4＝14」，會像這樣以「10」的整數來計算吧。

可是，大部分的孩子不會使用這個方法。他們會先將「8」分成「5」與「3」，將「6」分成「5」與「1」，然後「5＋5＝10」與「3＋1＝4」合計起來等於14，以這樣的方法來計算。因此，處理超過「5」的數字時，孩子會以「先分出5的整數，然後比5多多少」的感覺，以「5」的整數為標準來計算。

當我們知道以「5」為一個整數，為孩子說明進位的概念，是最容易讓孩子們理解的，就先別急著用以「10」為一個整數，讓孩子理解加法。如果加起來超過10的計算，孩子們一直無法掌握好，大多是尚未好好經歷上述以「5」為一個整數的理解途徑。

譬如說，零食都是五個五個給，這樣就能在日常中感受到「5」這個數字。或是和孩子玩「一步、二步、三步、四步、五步！」時在第五步，或是在遇到5的倍數就跳起來的遊戲。總之，請設計各種能讓孩子的身體與頭腦都能同時感受「5」的遊戲，會非常有幫助喔。

日本的幼童對數字的理解很快

順帶一提，日本的孩子對數字的理解比英語圈的孩子快。

日本的數字是直接依照十進位的唸法，所以對孩子來說非常容易理解。只要背好1到10的數字，11以上的數字只要將知道的數字組合起來即可。好比說「25」是十位數的「2」與「10」合起來，再加個位數的「5」即可。

相較之下，英語是即使背了從1到10，但從11到19卻是以別的規則來記，由此可看出兩國截然不同。當然，記住數字的唸法，英語圈的孩子也比日本或中國的孩子慢很多。

因此，由於唱數不容易這個原因，使得英語圈的孩子即使有計算數目的能力，也理解十進位的規則，但學習速度還是比較慢❽。由此可知，唱數的能力是計算數目的基礎。

4-6 計算力

加法也是從數手指頭開始算起

接下來以「4＋3」為例，來說明孩子是以什麼順序學習加法這門技術❶。手指的使用方法並不只限於下列的那些方式，很多孩子會使用其他類似的方法，所以請好好仔細觀察他們。

- **第一個階段：稱作「COUNT ALL」方法的階段**。用右手「1、2、3、4」一根根豎起四根手指，接著左手「1、2、3」一根根豎起三根手指，將豎起來的所有手指再一次從1的順序來數的方法。

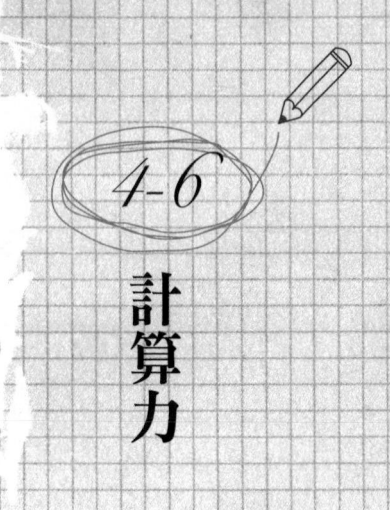

- **第二個階段：稱作「COUNT ON」方法的階段。**先一次豎起右手的四根手指，接著再豎起右手的一根與左手的兩根手指，回答「7」這個數字。雖然豎起了答案的手指頭根數，但不會像「COUNT ALL」階段時，再次從第一根開始重數，所以計算的速度會大幅提升。順帶一提，這個時候是使用前述所說的使用「5」的整數思考力。左手多出了兩根，所以答案是「7」。
- **第三個階段：這也是「COUNT ON」的一種。**不是用手指比出4，而是一邊豎起手指一邊數「5、6、7」的方法。不比出被加起來的數字，直接從中間數。
- **第四個階段：不使用手指就能計算。**有的孩子不使用手指，光用聲音就能一邊唱數、一邊計算。

以上是我們的孩子在理解數字與計算的過程。當然，有的孩子能用第四個階段來計算簡單的題目，也經常看到有的孩子會超前用三個階段來計算困難的問題。無論如何，孩子大都是依以上述的階段逐漸培養計算力。

那麼，該如何才能精進孩子的計算能力呢？

用手指能提高計算速度

話說回來，提到人為何會使用十進位，也就是以十為整數來計算，原因其實是因為我們有十根手指頭。可以想見我們人類為了掌握各種東西的數量而常常使用手指來計算。如果人類的手指有十二根的話，「1、2、3……、7、8、○、△、9、10」或許會像這樣來數數字。畢竟人類是從以前的太古時期就用手指算東西的。

此外，**由於計算時必須記得中間的計算過程，所以其實計算需要很強的記憶力，但若使用手指的話，必須記住的數量就不用太多**。

前述已登場過的淺川教授的實驗也發現，不使用手指頭的狀況下，記憶力高的孩子答題的正確率較高，一旦使用手指來計算，因記憶力差造成的正確率差異卻縮小了。換言之，即使是記憶容量少的幼童用手指，也能算得輕而易舉。於是，大量使用手指進行計算，慢慢開始記住單純的加法答案，計算的速度不僅變快，也慢慢不用手指就能算出來了。

即使是不用手指即可計算簡單問題的孩子也一樣，畢竟手指計算能夠增進正確率，當面對較困難的問題時，手指的運用方式也會變難，更可以想見手指靈活的孩子正確率較高。

使用手指的概念是將無形的抽象數字，置換成有形的具體物體（手指）。**使用手指來計算的過程中不斷強化累積「自己頭腦中的想像和自己看到的手指是相同的，和自己的想像一致！」的學習經驗，同時亦可培育孩子們想像看不見的東西的想像力，亦即前述的「抽象思考能力」。**

因此，在計算初期完全使用手指來算，對精進算數能力是非常重要的。再怎麼樣，都別對這個時期的孩子說「別用手指，直接算看看吧！」這種可怕的話。

當然，不限於手指，我想也有使用數字球或圖畫進行計算的孩子。用於計算的工具不只有手指，只要孩子用起來上手就無所謂。**將無形的抽象數字，置換成有形的具體物體的能力，對於孩子未來在挑戰更為複雜的數學問題時，是非常重要的。**

一邊解答問題、一邊畫畫

最後，我們來想一想如何在幼兒期使用圖畫或圖案來培育思考能力。

算數是非常抽象的學問。為了精進算數能力，孩子在遊戲或生活中使用五感來驅使身體記住「非正式算數」的經驗也很重要。

若是加法或減法，孩子能將眼睛看不到的問題，用手指置換成眼睛看得到的具體物體來思考，但若遇到複雜的問題，只靠手指來理解問題是很困難的。

讓小學一、二、三年級生在閱讀算數問答題時，將思考的內容畫成圖，**問題越困難，能夠好好理解問題後，再畫出來的能力就越重要**❷。這跟越困難的加法，幼兒越會用手指來算，而且手指用得越靈活，加法越正確是同樣的道理。所以**建議各位父母，和孩子們一起將算數的問答題變成眼睛看得到的東西吧！**

更進一步的方法是，如果是加法，**設計一個將算式變有趣的故事，讓孩子畫很多的畫，拓展孩子們的想像力。**

與其重複做十個「2＋3」的計算題，倒不如用有趣的方式只做一題，譬如說，畫兩個幼稚園小孩在公園裡玩，其他三個小孩也過來玩的畫；或者，就畫車庫裡停了兩台車，後來有三台車停進來的畫，如此一來孩子便能在寓教於樂中，加深理解度。

畢竟，成了小學生後，就會遇到線段圖或面積圖之類與繪圖能力有關的問題。更何況，曾經歷過各種大小考試的爸爸或媽媽，想必也有許多「畫個圖就能輕輕鬆鬆解決了！」的學習經驗吧。再更進一步來說，面對連有沒有答案都不曉得的重大課題，社會人士也經常有「只在腦中繞來繞去想不出頭緒，動手寫看看就發現解決之道！」的經驗吧。

人類的頭腦能想的事情有限，但透過將無形的想像具體寫下來，需要想的事情就會

變得簡單，進而慢慢看到明確的解決方案。像這種「培養簡單化的思考力」，也是學算數的目的之一。因此，真正頭腦聰明的人，對書寫這件事都很看重。

史蒂芬·賈伯斯也說過「簡單思考」（think simple）這句話。透過快快樂樂算大量的算數，培育將複雜的問題簡單化的思考力，教出一個頭腦聰明的孩子吧！

4-7 音樂

「莫札特效應」雖然是假的，但音樂使人聰明卻是事實

各位聽過讓嬰兒聽莫札特的音樂，ＩＱ會變高的「莫札特效應」嗎？其實那是假的！

這個假資訊廣為流傳至全世界的契機是在一九九三年，加州大學的弗朗西斯・勞舍爾（Frances H. Rauscher）博士等人在科學論文雜誌《自然》上所刊載的論文❶。這個論文是讓大學生聽莫札特的奏鳴曲，ＩＱ的平均值提高８～９分，且效果持續十五分鐘，這樣的論文內容在當時受到了極大的關注。

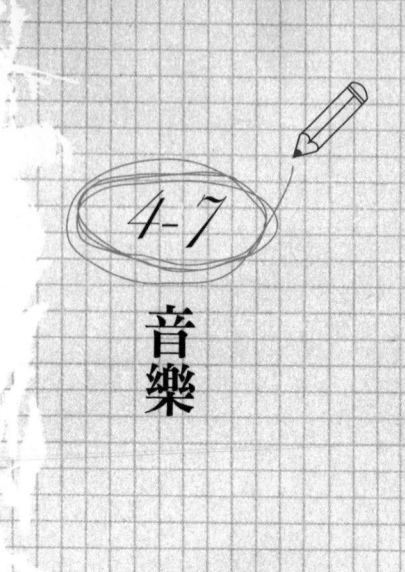

然而，這篇論文是基於唐・坎貝爾（Don Campbell）所寫的《莫札特效應——音樂身心靈療法》（*The Mozart Effect*）這本書，書中捏造出「讓嬰兒聽莫札特的音樂頭腦會變聰明」這個事實，簡直是個大騙局！當時受到這篇論文的影響，美國某州的州長還贈送所有新生兒古典CD，其他州則是要求讓所有的托兒所每天播放古典音樂，事件喧騰一時。

在人人擁戴的狀況中，哈佛大學的克里斯多福・查布利（Christopher Chabris）博士在一九九九年，在同樣的《自然》雜誌上刊登無法再現弗朗西斯・勞舍爾等人研究結果的報告❷。之後也相繼出現否定莫札特效應的論文，如今**「莫札特效應根本是假的」已成了定論**。

學鋼琴頭腦變聰明是真的

另一方面，也有說法是那不見得是假的。

二〇〇四年多倫多大學的格雷・修雷堡（Glen Schoenberg）教授發表「用音樂課強化ＩＱ」的論文❸。讓一百四十四名六歲的孩子分成曾修習過鋼琴課、聲樂課、打鼓課、無上課等四個組別，測定完ＩＱ的結果顯示，鋼琴課與聲樂課的孩子們，ＩＱ的增加幅度比起其他組別更多。

然而修雷堡教授卻表示，對未滿六歲的孩子來說，能發揮這種效果的課程是非常嚴格的，並不適合一般孩子。畢竟學習鋼琴或小提琴等音樂方面的才藝，不僅要在教室練，在家裡也是每天都得練習。練習不來就立刻放棄，也是孩子學習這類才藝常見的狀況。或許有稍稍提高ＩＱ的效果，但學習的門檻很高也是事實。

海外一流的大學都有音樂課程可學習

國內的頂尖大學，一般都會學習除日語以外的兩個外語，好比說英語與德語或英語與華語等。由此可知，日本對語言學習很看重，但相對來說，就對學習音樂卻沒那麼看重。所以說，無論是東京大學或京都大學，都沒有音樂系這件事，對日本人來說似乎很理所當然的。

二〇一六年，報考條件很嚴格的東大推薦入學考試中，曾獲得全國鋼琴比賽冠軍的村松海渡選擇報考並通過了考試，當時引起輿論界一片熱議。但對一般的日本大學生而言，若未來想要當音樂家，應該要就讀音樂學院。

其實，大家都忽略了，**音樂與語言是有很多的共通點**。

放眼全世界，英國牛津大學、美國哈佛大學、史丹佛大學、哥倫比亞大學等，這些排行屬一屬二的頂尖大學也設立有音樂系。而且，不只音樂系的學生，他們的通識教育（liberal arts），也就是日本所謂的人文教育，也要求學生修習音樂相關課程。**換言之，就像任何人都要學語言一樣，世界頂尖的大學認為音樂也是一種「必修」**。

音樂才是對頭腦最好的營養素

說到音樂和語言的相同之處，其中很物理的一點是，兩者都是聲音振動透過耳朵內部一個叫做耳蝸的聽覺器，**變換成腦電波傳達至腦部，腦再賦予意義**。然而，兩者賦予意義的方法卻截然不同，語言主要是用「語言中樞」這部位賦予意義。

腦內賦予音樂意義的部位雖仍未完全被特定出來，但目前已知享受音樂時的腦部迴路，與人類受到讚美、感到開心、充滿正能量時所運作的迴路相同❹。換言之，**音樂是對頭腦的讚美**。音樂具有使人的頭腦充滿愉悅感，並豐富情感的功能。

音樂與語言第二個相似之處是，**人類與生俱來就具備理解這兩樣事物的能力**。世界上沒有文字的人種很多，但沒有語言與音樂的人種卻不存在。**操控語言是人類生而為人的原因之一，是溝通上不可或缺的能力**。

也就是說，音樂肯定也是人類不可或缺的。為什麼呢？原因說不定是為了緩和壓力。有報告指出，手術前聽聽喜歡的音樂，會大幅減少壓力荷爾蒙（皮質醇）❺。此外，人類必須緩解的壓力來源是「社會」，心理學者阿德勒就說**「人類所有煩惱都來自於人際關係。」在社會生存的人類就是抱著如此龐大的煩惱。換言之，為了交朋友，為了在社會中活得多采多姿，音樂是我們強力的支持。**

音樂與語言相似之處的第三點是，兩者皆能透過學習理解得更加深入。孩子在出生後不久，就藉由聽媽媽對自己說的話來學習母語。另一方面，所謂音樂的學習是什麼呢？一聽到音樂，先分析節奏、和音等每個成分，大腦用專門的部位理解這些之後，會再度在腦中重新合成，這就是「聆聽」音樂。

曾有研究顯示，若是鋼琴家，腦中再生的音色與原本音色非常相近，不是鋼琴家的人腦中再生的音色，則與原本的音色有很大的不同。原因在於鋼琴家是用耳朵聽了大量的音樂，累積學習而來的。換言之，與音樂越親近，越能享受音樂的音色❻。

換言之，聆聽音樂就能單純提高ＩＱ的莫札特效應雖是假的，但卻有三個優點

● 豐富心靈
● 交更多朋友，在社會上活得多采多姿
● 更能享受音樂的音色

因此，為了培育「聰明」的孩子，音樂是非常重要的因素。

讓孩子唱童謠、演奏樂器、聽演唱會吧

那麼，該如何培養孩子享受音樂的樂趣呢？

如同繪本是最適合用來學習語言的道理一樣，童謠是最適合一開始學習音樂的工具。此外，如「4-3認字的學習」所提過，童謠能提高音韻覺識，在增進閱讀平假名的能力上也效果卓越。**家長陪孩子睡覺、和孩子一起散步時，多唱唱各種不同的童謠吧。**

第二步是教孩子演奏樂器。享受音樂，不需要什麼真正的樂器。**而且讓孩子享受音樂本來就不需要高度的技術，只要是和生活緊密貼近的音樂就好。**因此，口琴、響板、三角鐵等賣場裡的玩具樂器也不能小覷。更進一步的方式是將紅豆放進保特瓶中的響葫蘆，或將餅乾盒或罐子當作太鼓來打擊，這樣也充滿樂趣。

一邊一起唱歌，並演奏自製的樂器，光這麼做就是開啟自家演唱會的序幕了。盡情地唱歌跳舞演奏，試著讓整個身體沉浸在音樂中。**對音樂的興趣一旦萌芽後，務必要帶孩子去聽正式且適合孩子年齡的演唱會，建議大約半年去聽一次，讓孩子可以享受真正的樂器音色。**三歲就高達ＩＱ兩百的裕二很喜歡四季劇團的音樂。因為每次他都會一隻手拿著自己做的響葫蘆，跟著樂曲盡情跳舞。在鑑賞音樂的高潮時，身體還會自然地跟著舞動，這正是對大腦最棒的讚美吧！

4-8 英語

一旦忽視日語的學習，英語的學習勢必會走到盡頭

欲前往英語圈的大學留學的人，全都會接受英語能力檢定（TOEFL）。根據二〇一六年的數據顯示，日本托福的分數是在一百七十個國家中的第一百四十五名。其中，英語口說與象牙海岸、幾內亞、布吉納法索是並列**最後一名**！吊車尾或許並不困難，但其實是有原因的。

在聊聊幼兒期的英語學習之前，先來簡單說明，日本人為何對英語如此不拿手。日本人生活在學習英語很困難的環境中，原因雖然林林種種，但其中有兩大重要的理由。

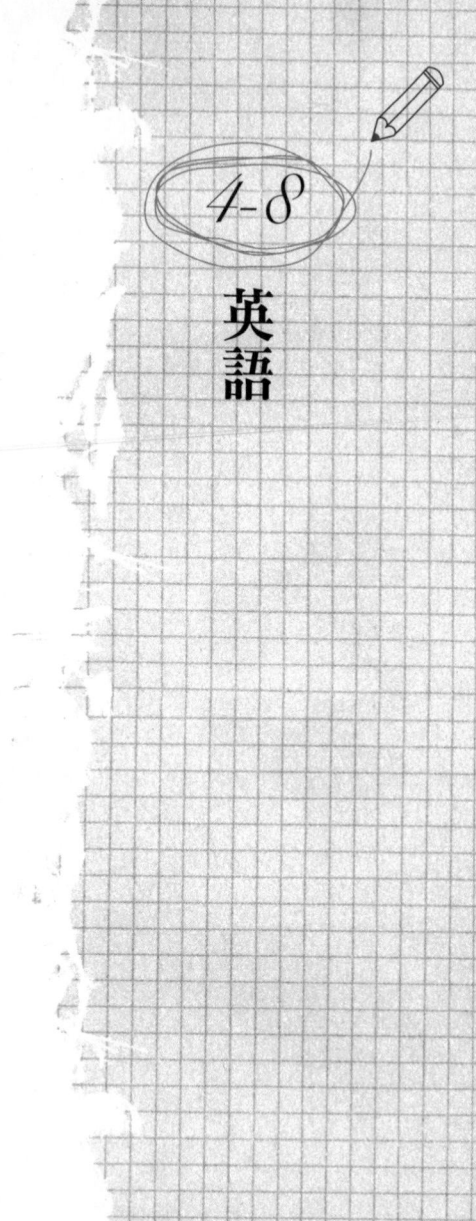

其中一項是「日語與英語的語言距離很遠」。很多日本人若要學另一國的外語，大多是「總之就選英語」吧。

相較之下，美國人倒是想學什麼就學什麼，他們對哪種語言有多容易學這件事很感興趣。或許就是因為這樣的理由，美國國務省的外交官養成機關ＦＳＩ，發表了以英語為母語的人，學習其他語言的難易度報告。

判斷的標準便是「語言距離」。**一個語言中，語彙的種類或文法的構成都各有特性。而這個「語言距離」就是該特性與其他語言相比之下的相似性。與英語的語言距離近的語言，美國人學習起來較輕鬆，反之，則學習起來就很辛苦。**

言歸正傳，**日語與英語的距離竟然是距離最長的範疇之一**。換個角度想，日語「特別難」。也就是說，日語對說英語的人而言，是世界第一難學的語言，相對的，英語對說日文的人而言，也是學起來非常難的語言。

不說英語也無所謂的環境

話雖如此，並不是只有語言距離這個原因而已。好比說韓語或華語離英語的語言距離也屬於同樣的範疇。然而，亞洲三十個國家中托福分數，相對於第八名的韓國、第十八名的中國，日本卻位居第二十六名。

日本人之所以那麼不會說英語，是因為不說英語也無所謂的緣故。韓國與中國在二〇〇〇年左右開始致力於英語教育，相較之下，因為在日本不會英語也不會造成困擾，所以日本學校一直都疏於英語教育這一塊。

「日本人不說英語也沒什麼困擾」聽來理所當然，其實並非如此。日本開國初期，明治時代，「巧克力」或「餅乾」等大量外來語進到日本，當時的人必須快速地理解並應用在日常生活中。另一方面，當時的日語中對於外來的諸如「自由」、「精神」、「經濟」等抽象概念的概念並不明確，無法正確地翻譯出來。

當時的學者福澤諭吉寫出了《學問之勸》這本書。書中努力解釋上述外來的抽象語言的意義，更盡全力讓「學術」、「經濟」、「法律」等重要觀念廣泛地從東亞流傳到全世界，這本書獲得前所未有的大賣！也透過這個契機，讓日語的「等級」急速竄升，許多當代重要的概念，都受到日語的影響。

順著這一波潮流，科學用語也被啟蒙家西周等人大量翻譯成日語，日語於是成長為世界上屬一屬二的「先進語言」。多虧上述的歷史脈絡，**日本人能用日語充分學習喜歡的事物。日本人能理所當然地用日語上大學的課程，因此不會說英語也完全沒有問題。**

另一方面，世界上有許多若不會英語就無法學習專業學問的國家。因此新加坡、印度、巴基斯坦、馬來西亞與菲律賓等托福成績遙遙領先的國家人民，為了大學畢業後能順利就職找到工作，大家都埋頭苦學英語，國家政策上也強化英語教育。

日語是非常適合做學問的語言。因為人類必須使用語言進行抽象性、邏輯性的思考，才能在各個方面獲得進步，所以語言的水準若高，思考的水準也會提高。

簡言之，提高抽象思考能力的一個大前提，就是必須在幼兒期提高日語的水準。

太著重英語而忽略日語是最壞的作法

這裡讓各位瞭解常常會誤解的一件事。有一個說法是「**英語的學習在過了稱作關鍵期的年齡後就學不好了。**」但是我能斷言，**無論從幾歲開始學英語，都有可能成為雙語人士（bilingual）。**

夏威夷大學的邁克爾．隆恩（Michael Hugh Long）博士查閱了過去關於學習第二外語的研究，發現為了達到母語水準，發音、重音必須大約在六歲以下、文法必須在十五歲以下開始學習。換言之，長大成人才開始學英文，無論說得再流暢，仍聽得出來並非是以英語為母語的人❶。

著名模特兒福住明美的父親是日裔巴西人，母親是義大利人，她在巴西出生，一歲時移居日本。因此，福住明美說的日語幾乎與日本人無異。

另一方面，電視製作人戴夫．斯派克特（Dave Spector）先生，在小學五年級時開始學習日文，說一口流暢的日語，雖然重音和我們說得差很多，但他的日語水準在會話或辯論上完全沒問題。相信任何人都能認同他是雙語人士吧。

想當然爾，比起英語，更要優先思考學習日語的事。「4-4閱讀能力」中也提到，幼兒期是用語言在頭腦中思考的時期。日本語是溝通工具，同時也是思考工具。**語彙的多寡也大大影響我們的思考能力，能夠使用的語彙越多，越能穩固思考力。**

根據主辦「語彙．閱讀能力檢定」的倍樂生（Benesse Corporation）調查的結果發現，語彙力高的高中生閱讀文章時，有75％的人回答「能區別筆者的意見與事實差異」，而語彙力低的組別，回答「能區別」的人僅30％。原因在於語彙力高的人，邏輯思考力也很高。

幼兒時期太過致力於英語教語，希望孩子說得跟母語一樣，而讓日文能力無法自然成熟，便無法培育孩子思考的能力。

全世界使用英語的人超過二十一億人以上，其中英語為母語的僅約三億七千萬人。全世界仍有許多母語非英語卻使用英語的人成就非凡。譬如軟銀集團（SoftBank Group）代表孫正義先生的英語是典型的「帶有日本腔的英文」，但他用英語提出來的創意點子具有強烈的魅力，因而深受史蒂芬．賈伯斯或比爾．蓋茲喜愛。

能像母語般流利地說英語本身並沒有多大的價值，而是用英語將想到的創意傳達給全世界的「思考力」，才是未來的時代所需要的。

前些日子，活躍於矽谷科技業的友人提到「英語雖然說得流利，但因沒有自己的想法，而無法融入周遭，孤伶伶一個人的日本人非常多。」好不容易會說一口好英語，實在太悲哀了！

二〇二〇年起改變的小學英語教育

另一方面，現今孩子們周遭的環境有了很大的改變。日本自二〇一一年起，小學基本上必須有英語教育，但由於不是「課程」，所以沒有教科書，不需要成績，中學考試也不需要考英語。

然而，**二〇二〇年起日本小學的英語教育有了改變**。自小學三年級起，開始一星期一堂以「聽」、「說」為中心的英語活動；而從五年級起，約一星期兩堂英語，「聽」、「說」加上「讀」、「寫」。以培養基礎的英語溝通能力為目的，終於誕生英語這門「課程」。

因此，不能再像以前那樣放任當事者「英語在將來需要時再學就好」。這跟「**不會讀**

平假名的孩子」或「不會加法的孩子」進到小學後會很辛苦一樣，「不會讀英文字母的孩子」、「英語完全不熟悉的孩子」也是會變得很辛苦。

相較之下，今後的英語教育應該重視的並非讀或寫這種「不能使用」的英語，而是重視語言溝通，也就是「能使用」的英語，若能構築一個對英語有興趣的基台，就能讓孩子在小學、中學、高中的這十二年間，愉快地學英語並提高英語能力。

平成二十六年的文部省問卷調查❷發現，小學五、六年級生有71%的人喜歡英語，但到了需要成績的國中二年級，喜歡英語的人下降到50%。所以我不禁會會擔心，若從小學開始英語就需要成績的話，會不會反而造成討厭英語的孩子變多。畢竟最重要的是培養孩子喜歡英語的興趣。

「那麼，幼兒期的英語要學什麼呢？」家長會有這樣的疑問。因此，以下介紹如何好好培養幼兒期用日語思考的能力，並聊一聊在英語教育開始的小學三年級前，家長該如何先讓孩子有英語學習的準備。

小學三年級前的三個英語學習策略

1. 背好英文字母

英語學習的起點是背英文字母。美國布朗大學的瑪麗蓮．傑格爾．亞當斯（Marilyn Jager Adams）博士們的研究中，母語非英語的孩子也可透過背好英文字母，自然地閱讀英語單字或句子。和大寫英文字母相比，學習小寫的字母容易受挫，所以多花點兒時間好好教孩子小寫字母吧。開始練習寫平假名的話，就一星期安排一天來練習英文字母。

2. 培養對英語繪本的興趣

身為青山學院大學的教授，且長年參與日本小學英語教育研究的Allen玉井光江教授也說：「即使孩子無法理解所有的語言的意義，也有依據文章脈絡理解意義的經驗，因此繪本，尤其是孩子所知道的故事，適合用來培養孩子對英語的興趣」❸。書店有販售大量附英語CD的英語繪本。選一本孩子喜歡的繪本，反覆放給孩子聽吧。

3. 學習自然發音法（Phonics）

「4-3認字的學習」中提到，背平假名與「提高音韻覺識」至關重要。英語中的音韻規則，也就是將「聲音」與「文字」連接起來，這樣的規則屬於自然發音法。譬如說唸「ant」（螞蟻）時，「a」的發音通常在「ア」與「エ」的中間，是日語中沒有的發音，又如同唸「cake」一樣，將「a」發「エイ」的音。英語圈的幼稚園或小學低年級生，從小就會學習這種自然發音法的規則。

根據剛剛提到的Allen井光江教授的研究，為提高日本孩子的「閱讀英語的能力」，在背英文字母、提高音韻覺識的階段時，必須確實教好孩子自然發音法。日語的音韻覺識高的孩子，也能慢慢理解英語的音韻。在孩子能用日語開心地玩文字接龍的時期開始，就教他們自然發音法吧。

4-9 才藝

比起才藝，學習能在未來生存下去的「自我調整學習能力」更加重要

根據文部科學省發表的「平成二十八年幼稚園兒童除幼稚園以外所花的學習費」❶，公立幼稚園兒童一年約九萬三千日圓，私立幼稚園兒童一年約十三萬四千日圓。這些包含了學習類課程、運動類課程、鋼琴或繪畫等才藝課程、英語會話、露營、校外教學、音樂鑑賞等，林林種種平均起來每個月大概學習一、兩樣才藝，大約是一萬日圓左右。

關於學才藝，我常常被問到：「對長大成人後有所幫助的才藝是什麼？」我想，很多家長之所以想要教出聰明的孩子，一定是為了想培養孩子成人後能在世間上展露頭角，

成為對許多人有所貢獻的人。

那麼，**為了瞭解教出聰明孩子需要學習的才藝之前，是否先來好好想一想，當孩子變成大人時，世界會是什麼樣子？**

二〇三五年的世界是何種樣貌

距離現在約二十年前的一九九七年，NTT的DOCOMO開始了簡訊服務。在這之前，打電話時要顧慮到對方方不方便，而現在終於可以不受時間限制，想傳訊息時就傳訊息。

離現在超過十年的二〇〇八年，蘋果公司的第一代iPhone在日本上市，世界從此進入智慧手機的時代。如今，手機已非單純的電話，搖身變成支持我們生活不可或缺的存在。

回顧這樣的改變，**眺望孩子們長大後的二〇三五年，時間大約等於是從NTT DOCOMO開始簡訊服務的時代到本書出版的時間**。時代的變化超越想像了吧？究竟當我們的孩子長大成人後，世界會變成何種模樣呢？

二十年後，人類目前許多的工作會被取代

各位聽過「科技奇點」（Technological Singularity）嗎？這是美國的發明家，也是未來學者雷蒙德．庫茲維爾（Raymond Kurzweil）博士在二〇〇五年所發表的概念，意指再過不久人工智慧將超越人類的智慧，科技的智慧與人類的智慧共生的世界即將來臨❷。

關於今後我們的世界會變成怎樣，仍有各種說法，但不難想像的是全世界會有一百八十度大改變。Google是利用人工智慧逐漸改變世界的公司之一，Google的創辦者賴利．佩吉（Lawrence Edward Larry Page）曾說過：「**二十年後，不管你願不願意，現在的工作幾乎都會被機器取代。**」

我們來想想醫院的狀況吧。當今醫生的工作是聆聽患者的病狀、診斷並予以治療。然而在不久的將來，會由人工智慧來進行診斷，因為人工智慧比人類擁有更多的知識，速度也比人類快很多，遠比人類做出更正確的診斷。因此，醫生的工作會變成是將人工智慧的診斷結果詳細地解釋給患者聽，再照顧患者的心理狀況。

目前也都說人工智慧駕駛的自動駕駛比人類駕駛的安全。到二〇三五年時，車子不再是由人類駕駛，而是全面改為自動駕駛汽車，這樣說不定能大幅降低交通意外的事故。

像現在，我們在Amazon網站購物時，也會在剛剛好的時間點詢問：「要不要跟這個

一起買？」這個搔到癢處的服務也是多虧人工智慧的存在。人工智慧的溫柔與貼心日新月異，到二〇三五年時，這樣的力量將會更強大，或許人工智慧會自行判斷人們所需要的東西直接寄過來，商店的樣貌也因此全然改變。

將生存在與現今完全不同時代的孩子們，應該要學習什麼才藝呢？

應該學的才藝是「自我調整學習能力」

由於我們身處變化劇烈的時代，無論學什麼東西，其知識或技術很快就對我們沒什麼幫助。因此，**透過學習才藝應該學習到的能力是，自己主動學習所需要的能力。這個稱之為「自我調整學習能力」**，如今在教育心理學等領域上受到熱烈的研究。

接下來稍微詳細說明何謂「自我調整學習能力」。根據伊藤崇達博士所說，所謂的自我調整學習是「基於『賦予動機』、『學習策略』、『後設認知』（Metacognition）這三個要素，主動地參與自己的學習過程」❸。

所謂的「賦予動機」就是指「找到學習的動機」。「學習策略」是「思考怎麼做才會順利的能力」。「後設認知」指的是「現在的自己能做到何種程度的理解力」。**擁有自我調整學習能力的人，就是能充分做到這三項要素的人。**

然而，「學習策略」或「後設認知」在幼兒期時仍未成熟。那些是大約在小學三年級左右才會成長的力量。尤其是幼兒期即便看出「後設認知」已萌芽，但基本上僅在發展中而已❹。

甚至由於幼兒無法完全理解自己的能力，任何事都會去挑戰，即使結果不好，也不認為是失敗❺。只要大人沒教孩子「不行」或「失敗」的概念，幼兒就會相信自己是天才。

所以我們必須好好想想如何在幼兒時期「賦予動機」，那是左右「自我調整學習能力」的一個重要因素。

「孩子因為開心而去做」，其實是很危險的一件事

美國羅徹斯特大學的愛德華．德西是動機研究的第一人。德西表示，無論是學習或運動，動機提高的理由大約分為四種❻。其中積極的理由是這兩種：

- 總之就是很開心
- 做的事情很重要

另一方面，消極的理由是這兩種：

- 不想被看輕
- 因為別人要我去做

話說回來，各位覺得基於哪種理由的動機會最強呢？假設是讀書，小學以上的孩子以何種理由讀書時成績會最好呢？

關於這一點，從加拿大麥基爾大學的理查．克斯特（Richard Koestner）博士等人的研究[7]得知，動機是「做的事情很重要！」時成績會最好。「總之就是很開心」這理由似乎會讓感成績進步最多，但若因為讀書很開心才讀書的話，**當讀書這件事變得困難或辛苦時，孩子容易喪失興趣。因此，認為「做的事情很重要！」的孩子，既使遇到困難也能勇於挑戰、跨越難關的可能性很高**[8]。

此外，先前提過會在小學三年級左右成長，靠自己想辦法的「學習策略」，例如「該怎麼做才能順利記住？」或「怎麼都無法集中精神，該如何轉換心情呢？」以及「對現在的自己理解了多少？」這一類由自己思考的「後設認知」，這兩樣在「總之就是很開心」的心情中都沒有。極端地來說就是，即使自我的能力並不高，但只要能開心就好。長此以往，由於「後設認知」或「學習策略」的能力沒有受到刺激，造成自我調整學習不順利，有可能導致孩子在小學三年級左右，這些能力就無法再成長。

綜觀上述，在學習才藝這部分，比「總之就是很開心」能有更高的成長可能，孩子們必須有為了達成某個目標，且自我感覺「因為做的事情很重要」而去做的經驗。讓孩子一邊開心學習，並一點一滴累積這樣的經驗，幫助孩子成長茁壯。

總之，「很有趣」與「很開心」是不夠的

那麼，該如何培養孩子「因為做的事情很重要」的想法呢？

「因為有趣而去做」、「因為不會就不做」一開始有這些狀況也是理所當然的。累積「因為有趣才去做」的體驗，將「好開心」、「好喜歡」的感受種植在體內，然後湧現「自己辦得到」的自信，自然而然地「因為很重要」、「即使不順利也要努力」的情緒就會萌芽。

相反的，在孩子心底尚未有「好喜歡」、「自己也辦得到」這些想法的時候，絕對無法培育出真正「我要努力」的心情。因此，在孩子上小學之前，強化自我調整學習能力，讓孩子感受到「因為很重要所以要去做」的心情，之後的成長就會全然不同。

那麼究竟該怎麼做呢？前面登場的愛德華．德西說過，為了提高動機來行動，需要以下三樣：

● 自己決定的「自主性」

- **感覺到自己做得到的「能力感」**
- **自己能獲得認同的「歸屬感」**

那麼，究竟該如何增進孩子們自我調整學習能力的動機呢，以下來一一說明吧！

自主性：讓孩子覺得要學習什麼是「自己決定的」

家長能依適不適合孩子、離家的距離、今後的計畫等，來選擇最適合孩子的才藝。然而，孩子本身尚未有這樣的能力，而且大多是依當時的氣氛「我想做這個」所做的選擇，隔天整個大翻盤不學了也是常見的事。

因此，**要學習什麼應該由家長決定**。不過，**必須下點功夫讓孩子以為「是自己決定的」**。決定好想讓孩子學習的才藝後，自然而然地接觸那個話題「〇〇，妳做得很好呢！」一邊誇讚孩子並引發孩子躍躍一試的心情，如此一來孩子就落入圈套，主動說：「我想學這個！」

然而，雖然該學什麼才藝要由家長決定，**但還是要尊重孩子的意見，看孩子是不是喜歡那位老師**。為了精進才能、為了開心學習才藝，遇到好老師也是很重要的一件事。況且孩子若喜歡老師，對學習才藝就能更積極。

心理學家的肖恩·阿喬爾（Shawn Achor）博士在TED Talks的演講中提到「**積極的腦比消極的腦效率高31%**[9]」。所以說，不經意問問孩子對老師的感覺吧。若孩子很喜歡老師的話，平時就多多說老師的好話，讓孩子更喜歡老師吧。

能力感：才藝選擇家長擅長的，喜歡的

孩子的才能深受到家長的遺傳，已是眾所周知的事。因此，**讓孩子從幼兒期就去做家長擅長的事，該才能發展的可能性就很高**。若才能在幼兒期就開花，好比說，有和年長的哥哥姐姐一起練習的機會，老師的指導也很熱心等等，打造一個優良的學習環境，更有可能讓才能獲得更高的展現。

然而，**學習才藝也很耗費家長很多的時間與精力，所以若是自己喜歡的事就更能開心地支持孩子。孩子學習的才藝務必要選擇父母所擅長或喜歡的事喔**。

歸屬感：全家一起認真看待學習才藝這件事

明尼蘇達大學的米歇爾·恩格隆德（Michelle Englund）博士等人的研究發現，幼兒

期與母親相處的品質越低，不僅影響母親與孩子在小學三年級以前的互動，也影響了孩子的學業成績[10]。當然，父親也是一樣的。所以父母在孩子幼兒期時，就要持續練習如何提高孩子的學習動機，不能等到上小學才開始。

另一個在哈佛大學等任職的美國發展心理學者愛利克．霍姆伯格．艾瑞克森（Erik Homburger Erikson）博士，認為「**人會感受到從父母而來的期待，進而努力學習勤勉。**」[11]。**幼兒期雖然一開始是覺得「總之好開心」而學才藝，但看全家團結一心為了自己的成長努力的模樣，孩子自己也會覺得要努力。**

因此，當孩子一旦決定要學習「某件事」時，**不能全權交給才藝教室，家長也要認真看待，父母的態度也會提高孩子的學習欲望。**譬如說，如果孩子不會拉體操教室裡的單桿，那就找找哪個公園裡的單桿高度是適合孩子的，再陪孩子一起練習。如果是學游泳，家長也買泳衣和孩子一起下泳池游吧。

最後一件事——才藝始終只是生活中的點綴。**如同前面所說的，孩子主要是在玩耍中才能真正學到很多東西，若剝奪了孩子玩耍的時間，無法培育最重要的智能，再怎麼培育自我調整學習能力都只是本末倒置。**才藝的安排一週一天，最多一週兩天。父母和孩子都要開心過學習才藝的生活。

總複習

第1章　溝通

1-1 明確找出孩子的才華所在

- 對於「何謂幸福」，家長和孩子的感受應該是相同的
- 鼓起幹勁的那一刻，家長和孩子也是一樣的
- 家長與孩子一起從事家長喜歡的事，孩子會自行成長

1-2 讓孩子發揮才華

- 「行動與積極」型的家長，建議和孩子一起去各種地方、體驗各種經驗
- 「情緒安定與自信」型的家長，建議一家人常常聊天，親子一起在廚房裡做菜

- 「努力與自制」型的家長，建議訂立目標與計畫，讓孩子看見自己努力的模樣
- 「冷靜與深思」型的家長，建議透過遊戲讓孩子瞭解計畫的重要，圖鑑擺放在家中各處，讓孩子隨時隨地都能看
- 「調和與利他」類的家長，建議舉辦家庭派對或到跳蚤市場擺攤等活動，打造社交的環境
- 「感性與信念」型的家長，建議和親子一起玩各種遊戲

1-3 投注關愛的方式

- 孩子若黏著父母時，就好好陪在一起，這時父母別太緊張
- 孩子沒有求助自己時，不要雞婆出手幫忙
- 無理取鬧期會持續到四歲
- 要冷靜地糾正孩子故意惹父母生氣的「試底線行為」
- 有起床氣的孩子，起床前十分鐘讓孩子在父母的膝上坐著慢慢甦醒

1-4 **獎勵**

- 別隨便給予獎勵
- 比起獎勵更重要的是，思考如何讓孩子覺得做起來有趣

1-5 **父親的重要角色**

- 即使時間短也無妨，讓父親照顧孩子
- 父母絕不在孩子面前吵架
- 對孩童而言，「母親＝自己」、「父親＝誕生後遇見的第一個外人」
- 對孩童而言，「母親與父親之間的關係」是「自己與其他人關係的典型」
- 父親的誇讚能加強孩子的積極性、主體性與責任感
- 父親要建立權威以培養孩子的行為舉止
- 父親和孩子多多到戶外遊玩吧

1-6 言語交流

- 很難理解其他人的行為為什麼會與他們實際的心理狀態不同，情況一複雜即使是六歲兒童也很難懂
- 父母給予的評價＝孩子的自我評價，家長重複對孩子說「你真是守時的孩子呢。」他們就真的會成為那樣的人
- 孩子做了好事，就算做得不夠好也要誇讚他們

1-7 為了培育出喜歡科學的孩子

- 不要馬上回答孩子問的問題
- 孩子問問題時，一起思考答案
- 回答時不要講有邏輯卻看不見的東西，而是將當下感覺得到的事物與「擺在眼前的結果」連接在一起
- 孩子的答案是錯的也不要馬上否定他，跟著一起開心就好
- 親子一起在廚房下廚，孩子會變聰明

1-8 控制家長情緒的魔法

- 虐待或怒罵孩子，會傷害孩子的腦部
- 發怒的瞬間會感到爽快而令人上癮
- 越生氣會越容易生氣
- 同樣的行為有時會讓你生氣，有時卻不會。因此即使很焦躁，請等三秒
- 深呼吸能解除焦躁
- 固執地認為孩子「應該要這樣」，就越容易生氣
- 好好想一想，希望養育出什麼樣的孩子

1-9 家長們千萬不可做的事

- 不能拿自家孩子與其他孩子比較優劣
- 接受自家孩子原本的樣貌

第 2 章　生活習慣

2-1 睡眠

- 理想的睡眠是從晚上七點到早上七點之間，睡滿十個小時以上
- 晚上若有睡眠不足的情形，要審視午睡的問題
- 早上要好好曬太陽。
- 睡前一小時將房間燈光調暗，別滑手機
- 洗澡水的溫度在四十度以下
- 睡眠問題實在很難解決時，請至「兒童睡眠門診」就診

2-2 飲食

- 不只是身體，我們的心也需要食物的養分
- 要充分攝取蛋白質，推薦多吃黃豆食品
- DHA是大腦的養分，促進血液循環，可以吃吻仔魚、小魚乾或櫻花蝦

- 促進大腦發育的鐵質，可從綠海苔、菠菜中攝取

2-3 使用電子產品的方式

- 至少上小學前別給孩子玩手機或電玩遊戲機
- 即使在什麼也沒有的地方也能玩得很開心。若和父母在一起時，可以聊聊窗外的景色、說說自創的故事，或玩接龍遊戲

第 3 章　遊戲

3-1 可透過遊戲培養的三大能力

- 光讀書不玩耍，無法培育出聰明的孩子
- 希望讓孩子玩的遊戲分成以下四種：
  1. 想像力遊戲：假裝遊戲（假裝睡覺、假裝吃飯）、角色扮演遊戲（家家酒、假扮英雄）

2. 受容性遊戲：聽人朗讀繪本
3. 功能性遊戲：跑步、跳躍、玩球
4. 建構性遊戲：繪畫、疊積木

3-2 想像力遊戲、受容性遊戲

- 想像力豐富的父母陪著一起玩，孩子一邊模仿父母，一邊鍛鍊想像力
- 與其使用跟實物一樣的玩具，用紙團或黏土等素材來玩，更能鍛鍊頭腦
- 走到戶外多多接觸大自然
- 讀繪本時，同理孩子的驚訝與悲傷，等孩子想讀時再繼續往下讀，別插嘴左右對孩子的心情或意見
- 讓孩子選擇要讀的繪本
- 即使是光讀同一本繪本，也要一直陪孩子讀
- 孩子對書本表示什麼興趣時，家長要大聲朗讀表現出很開心的樣子
- 即使孩子能一個人看書也不要放著不管，讀一些插圖少一點的繪本給他們聽吧

3-3 功能性遊戲、建構性遊戲

- 讓孩子每天在外遊玩一小時以上
- 天氣不好也要在外面玩耍。因為有些遊戲下雨天才能玩
- 即使在學習某項運動，也不要減少在外面玩耍的時間
- 不要限定於某項運動類型，盡量從事各種不同的運動
- 繪圖講求的不是「正確」而是「自由」。畫得不好也ＯＫ
- 玩樂高或積木，不只要推起來，也要讓孩子弄倒它們，也可帶入玩偶或球等其他玩具一起玩
- 在房間的角落打造一個親子共玩的空間

第4章 學習

4-1 讓孩子專心在潛能開發上的方法

- 在潛能開發上遇到困難，代表平時玩得不夠多，請多分配一些遊戲的時間

- 讓學齡前的兒童選擇輕鬆就解得開的潛能開發教材
- 讓孩子自己選擇教材、選擇要做哪種問題
- 不能對孩子說「給我好好學習！」「給我集中精神！」等強迫性的語言

4-2 解題的方法

- 讓孩子看到家長開心解題的模樣
- 連結孩子會著迷的東西
- 讓孩子自己設計問題

4-3 認字的學習

- 上小學前父母要好好教孩子拼音
- 別在意孩子寫鏡像字
- 帶著孩子玩拍出音節數的拍手遊戲
- 玩接龍遊戲讓孩子建立音韻覺識

● 如果孩子無法記下單字卡上的字，就從喜歡的卡通裡的角色名稱來記

4-4 閱讀能力

● 自言自語增加＝思考增加，家長要開心
● 即使孩子學會默讀了，也不要停止放聲唸出來的練習

4-5 唱數、使用數字的能力

● 算數時要多多動手指
● 除算數外，多多玩貼貼紙、粘土或翻花繩等運用手指的遊戲
● 依每個階段一邊提高難度，一邊讓孩子接觸數字
● 第一個階段：有節奏地唱數「1」、「2」、「3」，玩拍手遊戲
● 第二個階段：能倒數「3」、「2」、「1」、「0」，能數偶數「2」、「4」、「6」、「8」
● 第三個階段：能數眼前的東西，像是點心或石頭等
● 第四個階段：數錢然後讓孩子說出金額，讓孩子算要付多少錢

- 只要能數到「3」，接著就能數到「5」
- 不擅長加起來超過「10」的狀況時，表示無法好好數到「5」

4-6 計算力

- 計算也要從好好運用手指頭開始
- 利用畫畫或圖案來算數，較容易解題目
- 使用有趣的話題設計問答題，會讓孩子更樂於算數

4-7 音樂

- 「聽莫札特的音樂，頭腦會變聰明」沒有科學根據
- 鋼琴課與聲樂課能讓頭腦變好
- 音樂能減輕壓力
- 與音樂越親密，越能享受音樂的音色
- 若要開始接觸音樂，最好從童謠開始

● 試著讓孩子演奏樂器，玩具賣場的口琴或三角鐵等簡單的樂器也足夠

4-8 英語

● 無論幾歲學英語都能成為雙語人士
● 太過致力於英語學習造成日語不成熟是很危險的，因為這樣很難培育思考力
● 能完整地將想想傳達的意思傳達出去的能力才重要
● 小學三年級以前該做的是「記住英文字母」、「開心讀英語繪本」、「學習自然拼音法」

4-9 才藝

● 上小學前，學習才藝要讓孩子累積「做的事情很重要」的經驗
● 該學什麼應該由家長決定，但要下功夫讓孩子覺得是「自己決定的」
● 是否喜歡老師，要尊重孩子的意見
● 父母喜歡且擅長的事，孩子也較容易對此著迷

- 學習才藝要全家一起認真看待
- 才藝始終是生活中的點綴，疏於平時的玩耍或學習是本末倒置的各位覺得本書有沒有幫助呢？

剛好是在大約二〇一七年春天。外子建議說：「要不要把妳的育兒知識寫成書出版看看？」我訝異地回他：「你在開什麼玩笑啊？」當時的我覺得「出版」是遙不可及的世界，所以只是笑笑聽過去而已。外子從以前就會突然神來一語，並常常一語中的。真的是了不起的人。

接著在兩天後，曾在「目標達成」研討會上對我很照顧的龍內恭敬先生，突然對我說：「有個不錯的出版補習班，妳要不要去試看看？」。竟然才兩天，我又與人生中沒什麼緣份的「出版」這兩個字再度相遇了！

之前我都在各種團體活動或研討會中，將所知的育兒知識傳達給數百名的家長，這樣就已經夠幸福了，若出版成書，說不定就會傳給幾千名、幾萬名或幾十萬名家長。如此一來，被錯誤的資訊耍得團團轉而大傷腦筋的人，在教育孩子上相信就能變得很輕鬆。想到此，頓時感到興奮！

於是我很快查了下龍內先生推薦的「YOKUNARU出版補習班」。這裡的講師竟然是編輯了多本暢銷書，編輯界權威遠藤勵起先生。以及整理出版超過四百本以上書籍、IMPRVE有限公司的小山睦男先生。我想再也不會有這麼好的機會！回神過來後，發現自己已經是YOKUNARU出版補習班第三期的學生了。

另一方面，幾乎不曾和任何「作者」接觸的我，聯絡了拜讀多次，每每都讓我振奮精神的一本書《想施魔法到孩子十二歲——培育東大腦的魔法咒語》的作者，也就是寶貝媽咪股份有限公司的谷亞由未小姐，向她請教意見。谷亞由未小姐具有溫暖人心的力量與讓煩惱一吹而散的能量，真是非常了不起的人。那次之後，我常常受到谷亞由未小姐大量的建議與鼓勵，她也一直關照我至今！

於是我七月開始上出版補習班。遠藤先生細心教授一本書的基本構成，以及傳達出去的表現方法。然後，出現在這間出版補習班的還有現代書林股份有限公司的茂木美里小姐、自由編輯者我妻吾妻先生，以及本書的編輯SB Creative股份有限公司的杉浦博道先生。各位，就是因為有這個機會與這些線上炙手可熱的編輯互動，多虧他們，我在出版補習班時很切實地感受到出版的某種「臨場感」。

到了最後，出版補習班所舉辦的餐會上，沒想到杉浦先生沒喝酒，一直在聽我說話。看他如此認真嚴肅，我也全力以赴說明了引導孩子鼓起幹勁的方法。身為兩歲兒爸爸的杉浦先生說了「現在正是製作本書的時候」這句話，於是我便著手製作本書。

從此之後，我每天除了母子時光與在公司的時間之外，其他所有時間幾乎用在寫作本書上。杉浦先生每次都鼓勵我「這本書很有趣！」並且替原稿校潤成一看就懂的文章，連我都大吃一驚。當初寫書的我，文筆拙劣到令人汗顏！

經過一年，原稿終於完成，接著是行銷的準備。即使書完成了，若不送到人們手中，就無法將知識傳達出去。因此，必須讓大家知道本書的存在。

於是在SB Creative的會議室裡，永井聰先生、藤元佳代小姐、赤平讓先生、杉浦先生、小山先生，以及對行銷販售一竅不通的我乖乖坐在角落，和大家開始進行超級作戰會議。大家將出版之前要做的事以驚人的氣勢擬訂出來。這種專業的工作態度，令人感動萬分！

此外，小山先生在這一年的活動，指導我各種作者應該有的態度，若沒有小山先生，我可能早就被杉浦先生厭惡了。

除此之外，《考試的準備母親占了九成——三兄弟考上東大理科III》（朝日新聞出版）等書的作者佐藤亮子小姐，教授我陪伴孩子的真正意義。亮子小姐笑容好可愛（這樣會失禮嗎?!）是一位非常溫柔的母親。

本書被這麼多人所支持，花了大約一年終於大功告成。最後，當然要對支持我至今的「Happy Edu」各位會員們，由衷地表達謝意。

希望這本書能送到人們的手裡，多一人也好；希望養育孩子的工作能夠更輕鬆，多一人也好，希望人們能自然而然舒心愉悅。

二〇一八年五月 Happy Edu 執行長 長谷川和香

參考文獻

1-1 明確找出孩子的才華所在

❶ Benjamin, et al., Nature Genetics,1996

❷ Ebstein, et al., Nature Genetics, 1996

❸ Klaus-Peter Lesch et al., Science, 1996

1-3 投注關愛的方式

❶ Gianluca Esposito, et al., Current Biology, 2013

❷ 飛鳥井望、小児科、2007

❸ Yuji Ikegaya, et al., Proc. Natl. Acad. Sci. USA, 2004

❹ Tomoda A, et al., PLOS ONE, 2012

❺ Inge Bretherton, et al, IMHL, 1989

❻ Cort A. Pedersen, et al., Proc. Natl. Acad. Sci. USA, 1979

❼ Ilanit Gordon, et al., Biol Psychiatry, 2014

1-4 獎勵

❶ Mark R. Lepper et al., Journal ol Personality and Social Psychology, 1978

❷ Kenji Matsumoto, et al., Proc. Natl. Acad. Sci. USA, 2010

❸ Sam Glucksberg, Journal of Experimental Psychology, 1962

1-5 父親的重要角色

❶ Nicholas D. Walsh, et al., NeuroImage, 2014

❷ 菅原ますみ、et al.、発達心理学

❸ Natasha J. Cabrera, et al., Journal Applied Developmental Science, 2007

❹ Daniel Paquette, Human Development, 2004

1-6 言語交流

❶ MJV Fennell 著、曽田和子訳、『自信をもてないあなたへ』

❷ John A. Bargh, et al., Journal of Personality and Social Psychology, 1996

❸ Wellman, H. M., Liu, E., Child Decelopment, 2004

❹ 東山薫、教育心理学研究、2007

1-8 控制家長情緒的魔法

❶ Tomoda, et al., Neuroimage, 2011

❷ 杉山登志郎、精神神経学雑誌、2013

❸ 古賀 麻奈美 et al., 第45回日本理学療法学術大会 抄録集

2-1 睡眠

❶ Lulu Xie et al., Science, 2013
❷ Luisa de Vivo et al., Science, 2017
❸ Roffwarg, H. P., et al., Science, 1966
❹ Masako Tamaki, et al., Sleep and Biological Rhythms, 2007
❺ Ullrich Wagner, et al., Nature, 2004
❻ https://www.sleepfoundation.org/excessive-sleepiness/support/how-much-sleep-do-babies-and-kids-need
❼ 福田一彥、日本家政学会誌、2011
❽ Jamie M Zeitzer, et al., J Physiol., 2000
❾ Anne-Marie Chang, et al., Proc. Natl. Acad. Sci. USA, 2015

2-2 飲食

❶ Michael K Georgieff, The American Journal of Clinical Nutrition, 2007
❷ http://www.mhlw.go.jp/bunya/kenkou/kenkou_eiyou_chousa.html

2-3 使用電子產品的方式

❶ http://www8.cao.go.jp/youth/youth-harm/chousa/h28/net-jittai_child/pdf-index.html
❷ Walter Mischel, et al., Journal oj Personality and Social Psychology, 1972
❸ M. J. Koepp, et al., Nature, 1998
❹ Daphne Bavelier, et al., Nat Rev Neurosci., 2011

❺ Guangheng Dong, et al., Nature, 2015

❻ Mei Tian, et al., Eur J Nucl Med Mol Imaging, 2014

3-2 想像力遊戲、受容性遊戲

❶ Anne-Marie Morrissey, Gifted Child Quarterly, 2009

❷ ヴィゴツキー著、広瀬信雄訳、『子どもの想像力と創造』

❸ Wendy Haight and Peggy J. Miller, Merrill-Palmer Quarterly, 1992

❹ 齋藤有、内田伸子、発達心理学研究, 2013

❺ http://www.kodomodokusyo.go.jp/happyou/datas.html

3-3 功能性遊戲、建構性遊戲

❶ Derek R. Becker, et al., Early Education and Development, 2013

❷ http://www.mext.go.jp/a_menu/sports/undousisin/1319192.htm

❸ ローダ・ケロッグ、深田尚彦訳、『児童画の発達過程』黎明書房、1998 年

❹ Yi-Ling Cheng and Kelly S. Mix, JOURNAL OF COGNITION AND DEVELOPMENT, 2014

❺ Charles Wolfgang, et al., Early Child Development and Care, 2003

4-1 讓孩子專心在潛能開發上的方法

❶ ヴィゴツキー著、土井捷三・神谷栄司訳、『「発達の最近接領域」の理論』、2003

❷ Richard M. Ryan and Edward L. Deci, American Psychologist , 2000

4-2 解題的方法

❶ ヴィゴツキー著、柴田義松訳、『思考と言語』、2001
❷ 大森茂、Japanese association of educational psychology, 1985

4-3 認字的學習

❶ 前田健一、愛媛大学教育学部紀要、1992
❷ 田中敏隆、科学朝日、1985
❸ 天野清、Jap. J. educ. Psychol., 1970
❹ Kita Y., et al., Brain, 2013
❺ MacLean et al., Merrill-Palmer Quarterly, 1987

4-4 閱讀能力

❶ ヴィゴツキー著、柴田義松訳、『思考と言語』、2001
❷ 田中敏、Jap. J. of Educ. Psychol., 1983

4-5 唱數、使用數字的能力

❶ Maria Gracia-Bafalluy, Marie-PascaleNoël, Cortex, 2008
❷ 浅川淳司、杉村伸一郎、発達心理学研究、2011
❸ Karen Wynn, Nature, 1992
❹ Minna M. Hannula-Sormunen and Erno Lehtinen, Mathematical Thinking and Learning, 2015

❺ Karen C. Fuson, et al.,『Children's Logical and Mathematical Cognition』
❻ 丸山良平、発達心理学研究、1993
❼ 吉田甫、「子どもは数をどのように理解しているのか」
❽ Fuson, Karen C.,『Research on learning and teaching addition and subtraction of whole numbers.』

46 計算力

❶ Karen C. Fusion, et al.,『Children's Logical and Mathematical Cognition』
❷ 河崎雅人、日本教育工学会論文誌、2013

47 音樂

❶ Frances H. Rauscher, Nature, 1993
❷ Christopher F. Chabris, Nature, 1999
❸ E. Glenn Schellenberg, Psychological Science, 2004
❹ Anne J. Blood, Proc Natl Acad Sci USA, 2001
❺ Miluk-Kolasa B, Exp Clin Endocrinol., 1994
❻ Dana L. Strait, Cortex, 2012

48 英語

❶ Michael H. Long, Studies in Second Language Acquisition, 1990
❷ http://www.mext.go.jp/a_menu/kokusai/gaikokugo/1362148.htm

❸ アレン玉井光江著、『小学校英語の教育法』

4-9 才藝

❶ http://www.mext.go.jp/b_menu/toukei/chousa03/gakushuuhi/1268091.htm
❷ Ray Kurzweil (2005-1-1). The Singularity Is Near: When Humans Transcend Biology. Viking. ASINB019NDK9RS
❸ 伊藤崇達、Bulletin of the school of Education, Nagoya University, 1997
❹ Shirley Larkin, Qualitative Research in Psychology, 2007
❺ Bjorklund, D. F. & Pellegrini, A. D., 無藤隆 監訳、進化発達心理学、2008
❻ Deci, E. L., & Ryan, R. M, Handbook of self-determination research. Rochester, NY:University of Rochester Press.
❼ Koestner, R., & Losier, G. F. Distinguishing three ways of being highly motivated: A closer look at introjection, identification, and intrinsic motivation. In E. L. Deci & M. Ryan, Handbook of self-determination research. Rochester, NY: University of Rochester Press.
❽ 西村多久磨ら、教育心理学研究、2011
❾ https://www.ted.com/talks/shawn_achor_the_happy_secret_to_better_work?language=ja
❿ Englund, Michelle M., et al., Journal of Educational Psychology, 2004
⓫ Erik H. Erikson and Joan M. Erikson, The Life Cycle Completed, W. W. Norton & Company, 1997

誰都想要教出聰明的孩子：培養能夠隨機應變的學習能力 / 長谷川和香著；陸蕙貽，李惠芬譯. -- 初版. -- 臺北市：時報文化，2020.06
面；　公分. -- (教養生活；0061)
譯自：世界トップ機関の研究と成功率97%の実績からついに見つかった!
頭のいい子にする最高の育て方
ISBN 978-957-13-8203-6(平裝)

1.親職教育 2.親子關係

528.2　　　　109005908

教養生活0061

誰都想要教出聰明的孩子——培養能夠隨機應變的學習能力

作　　者—長谷川和香
譯　　者—陸蕙貽（1～3章）、李惠芬（第4章）
副 主 編—廖宏霖
封面暨內頁設計—文皇工作室
企　　劃—金多誠
內頁排版—立全電腦印前排版有限公司

總 編 輯—曾文娟
董 事 長—趙政岷
出 版 者—時報文化出版企業股份有限公司
一〇八〇一九 台北市和平西路三段二四〇號七樓
發行專線—（〇二）二三〇六六八四二
讀者服務專線—〇八〇〇二三一七〇五
（〇二）二三〇四七一〇三
讀者服務傳真—（〇二）二三〇四六八五八
郵撥—一九三四四七二四時報文化出版公司
信箱—一〇八九九臺北華江橋郵局第九九信箱

時報悅讀網—http://www.readingtimes.com.tw
時報文化臉書—https://www.facebook.com/readingtimes.fans
法律顧問—理律法律事務所 陳長文律師、李念祖律師
印　　刷—勁達印刷有限公司
初版一刷—二〇二〇年六月二十六日
定　　價—新台幣三二〇元
（缺頁或破損的書，請寄回更換）

時報文化出版公司成立於一九七五年，
一九九九年股票上櫃公開發行，二〇〇八年脫離中時集團非屬旺中，
以「尊重智慧與創意的文化事業」為信念。

世界トップ機関の研究と成功率97%の実績からついに見つかった！
頭のいい子にする最高の育て方

ISBN 978-957-13-8203-6(平裝)
Printed in Taiwan